消防昇任面接・論文 ダブル対策

消防昇任試験研究会・編

公職研

はじめに

　本書は、おそらく本邦初となる、消防職員の昇任試験における面接試験対策書です。

　近年の昇任試験では、人物評価を重視する傾向が高まっており、従来よりも面接試験が昇任試験の合否判定に大きな比重を占めています。すなわち、教養試験や論文試験で最終合格者を絞り込むのではなく、多くの受験者を面接試験に臨ませ、その中から合格者を厳選するようになっています。背景には、単なる受験成績だけではなく、勤務評定と相まって真に上位職に相応しい人材を選抜する必要に迫られていることがあります（本文16ページ）。

　面接試験で多くの受験者から合格者を選抜するためには、受験者ごとの得点に差異がなければなりません。従って、面接官は受験者の応答内容や言葉遣い、表情などを細かく採点することになります。

　本書は、面接試験における様々な質問を設定して、模範的な応答のあり方を示しています。面接の主題は25テーマを設定、うち頻出10テーマについては、二つの回答例を示しています。特に気をつけるべきテーマについては、悪例となる回答例を記載しています。テーマごとに回答にあたってのポイントを提示し、総括解説を行っていますので、対策に役立ててください。

　また、本書は、論文試験対策として論文の作成例も示しています。消防職員向けの論文試験対策書としては、『合格する消防昇任論文の書き方』（公職研）があります。『合格する消防昇任論文の書き方』で

は扱うことのできなかったテーマについて、本書で取り上げています。一方で、論文の書き方については、詳しくは『合格する消防昇任論文の書き方』で解説を行っています。論文に苦手意識を持っている受験者は合わせて活用することをお勧めします。

このように、面接試験と論文試験の両方への対策図書であることから、本書は「ダブル対策」と命名しました。

本書は、長らく消防本部で人事任用や論文試験の採点、面接官の業務に携わった者により執筆されており、合格できる面接試験、論文試験の手引きとなっています。

しかし、この図書に書かれていることを丸暗記するのでは、実際に合格にたどり着くことは困難です。受験者一人ひとりが、本書を読み込んだ後に、自分なりの言葉で論文を書き、面接官の質問に応答することが不可欠です。そうでなくては、説得力があり熱意のこもった論文執筆や面接での回答にはなりません。論文試験や面接試験では、機械ではなく、論文を読み面接で質問をする人によって評価されることを忘れてはなりません。

また、面接試験の質問や論文試験の課題は、本書に記載されたものだけが出題されるのではありません。「この問があるならば、別のこうした問もあるかもしれない」と自分なりに想像を広げ、より広範囲な対策を講じることが必要です。

本書は、本文やコラムで、実際に行われている消防昇任試験に即した解説を行っています。本書を読むことで、面接・論文試験に向けて、充分かつ実践的な予備知識を得ることができます。読者は、自信を持って、試験に向けた準備を進めることができ、また試験本番に臨むこと

ができるでしょう。

　本書の活用によって、多くの受験者がより効率的に受験対策を行い、面接試験や論文試験でより高度な解答をして、念願の上位職に昇任されることを願っています。

＊本書29ページで紹介した面接対策準備シートは、下記のウェブサイトからダウンロードできます(読者特典。下記のアドレスを直接入力するか、『消防昇任・面接ダブル対策』の弊社商品ページを検索して、リンクの案内をご覧ください)。
https://www.koshokuken.co.jp/publication/taisaku/20240417-777/

 上記アドレスのＱＲコード

・パスワード
koshokukenFOS2024
(すべて半角で、ローマ字の「公職研」に続けて、大文字で「エフ・オー・エス」「2024」です。)

目 次 ◎◎

はじめに

面接編

論文編

総　論　編

第1章 //

試験合格への道〜受験者に不可欠な予備知識

１．昇任試験が行われる理由
―情実を排し、公平さと公正さを担保―

　毎年恒例行事のように行われている昇任試験ですが、何故試験によって昇任する職員を決定するのでしょうか。

　地方公務員法第15条は、「職員の任用は、この法律の定めるところにより、受験成績、人事評価その他の能力の実証に基づいて行わなければならない。」と規定しています。ここで任用とは、職員の採用や昇任などのことです。

　この規定は、情実、すなわち個人的な利害や感情などに基づく任用が行われることを排除し、あくまでも職員の能力や公正な評価に基づいて任用が行われなければならないことを定めています。

　もしも、職場内の私的な人間関係で昇任が決まってしまったら、どのようなことが起きてしまうでしょうか。そこにあるのは、例えば幹部と趣味や飲食を通じて親しくなった職員、あるいは出身地や出身学校の同じ職員が優遇されてしまう職場です。これでは、職務遂行能力や業務実績を通じてではなく、私的な幹部とのお付き合いで昇任が決まってしまいます。

　また、職場がこうした状況では、各職員は、仕事に積極的に取り組み、あるいは研修などを受講して職務能力を向上させようとする意欲がなくなってしまいます。いくら努力して仕事の成果を上げても、あるいは自己啓発を重ねて自己の担当できる職務範囲を拡大しても、昇

任につながらないからです。

　さらに、組織全体が一部の上司と部下との仲良しクラブのような雰囲気で活気のない職場になってしまえば、精強な部隊を配備し、また市民のニーズに的確に応える前向きな消防行政を展開することもできなくなってしまいます。つまり、消防機関としての役割を果たせなくなってしまうのです。

　そうした事態にならないように、受験成績、人事評価などの能力の実証に基づいて昇任が決定されなければならないわけです。

　多くの消防本部の昇任試験において、職務知識を問う五肢択一式などの筆記試験、消防行政の課題や人事管理などに関する論文試験、人物評価をするための面接試験が行われているのには、このような理由があります。それによって、職員の昇任の決定に対する公平さと公正さを担保しているのです。

2．昇任試験を受験できる資格
―任用資格基準とは？―

　消防職員に採用された後の数年や、上位の階級に昇任した当初には、次の昇任試験の受験資格がなかった経験をしていると思います。これは、人事制度上、現階級で一定の経験年数を積んでいないと上位の階級に任用されることがないという基準が定められているからです。一般に、これを任用資格基準と言います。消防士を〇年経験すると最短で消防副士長に任用できるといった基準です。なお、懲戒処分などを受けると、任用資格の年数は延伸されます。

　また、この任用資格基準は、採用区分に応じて定められています。例えば、Ⅲ類採用では消防士の経験4年、Ⅰ類採用では消防士の経験2年を経過すると、それぞれ最短で消防副士長に任用できるといった基準になっています。さらに、採用区分に応じた学力の評価と実務経

験の蓄積との調整も図られ、例えば最短であれば同年齢で各類が消防司令補に昇任するように制度設計されています。

　なお、定年が近づくと昇任試験の受験対象から除外されることがあります。これは、昇任試験に合格しても実際に合格した上位階級で勤務する期間がほとんどないのであれば、昇任試験を受験させる必要がないからです。

３．昇任試験の区分
　　―〈短期〉と〈長期〉のちがい―

　昇任試験では、年齢や現階級の在職年数に応じて受験する区分が短期と長期に分けられ、受験科目が異なっている場合があります。一般に、若年層ほど受験科目数が多く（短期）、一方で、一定の年齢以上で現階級の在職年数が多い場合には五肢択一式などの筆記試験が緩和か免除されています（長期）。

　この短期と長期の区分は、まだ経験は短く実績は少ないものの将来の幹部候補として育成したい優秀な若手職員を選抜し、合わせて、五肢択一式などの筆記試験は苦手でも上位職に相応しい能力を有するベテラン職員を選抜するために設けられています。

　どちらの区分でも、論文と面接は必須であり、昇任試験に合格するためには避けては通れない科目になっています。

４．受験の心構え
　　―昇任試験は、相対評価！―

　昇任試験は相対評価、つまり、全受験者数からその年度の予定合格者数を選抜する試験です。絶対評価、すなわち試験成績が一定の水準に達していれば人数に関係なく合格できるのではありません。従って、他の受験者よりも高得点の評価を得なければ合格できません。

　そのためには、よりよい出来栄えの論文を書き、また、好印象を面

【コラム①】 面接時間は何分間くらい？

　面接試験では、面接官が何人かいて受験者を各面接官に割り振る消防本部や、一人の面接官が全ての受験者の面接をする消防本部があります。

　いずれにしても、ある受験者には面接時間が長くとられ、他方で短い時間の受験者もいるということがないように、予め概ね均等に受験者一人当たりの面接時間が設定されています。これは面接官の受験者に対する偏見や先入観を排除し、公平で公正な試験を行うためです。

　一人の受験者当たりの面接時間は、20分程度の消防本部が多いのではないでしょうか。20分あると、それなりの数の質問が提示されます。更問（21ページ）も数多くなされ、表面的な理解しかしていなかった事柄については回答が苦しくなる場面もあります。面接試験として、受験者の成績に差のつく選抜ができることになります。

　従って、受験者の事前準備としては、範囲を限定して面接官の質問を想定するのでは不十分です。苦手な分野も含めて、あらゆる角度からなるべく多くの質問を想定して、本番に備えておく必要があります。

接官に与えなければなりません。

　ことに、地方公務員法などの改正により、令和5年度から10年を掛けて定年が65歳に延長されつつある現在、昇任試験は狭き門になっています。職員定数と階級別定数が定められている消防職員においては、基本的に退職する職員数がイコール昇任試験の合格予定者数になります。定年退職者が隔年になるこれからしばらくの間は、昇任試験の合格予定者数は従来よりも少なくならざるを得ないからです。

5．昇任試験は昇任後の階級に相応しい職員を選抜
―現階級ではなく、上位階級の視点で解答―

　言うまでもなく、昇任試験は上位の階級に相応しい職員を選抜するための試験です。決して、現階級の優秀な職員を選ぶわけではありません。

　実は、多くの受験者が勘違いして論文を書き、面接で応答してしま

うのがこのポイントです。論文を書き、面接で回答する際には、現階級ではなく上位の階級の職員になったつもりで、私ならばこのように課題を解決すると応じることが絶対的に大切です。例えば、現階級であれば「上司の指示を仰ぎ、適切にそれを遂行する」のが正解であっても、上位の階級であれば「組織の方針を踏まえて、具体的に部下に指示をする」ことが正解になることがあります。ポンプ車などの隊員と隊長との違い、各車両の隊長と全部隊の統括指揮者との違いなどを想定すると、イメージしやすくなることでしょう。

6．昇任試験の準備
―準備期間は通年！―

昇任試験の事前準備は、短期区分の合格を目指すのであれば受験資格を取得する頃から意識的に開始することが必要です。また、長期区分の受験者でも、試験直前だけではなく、一年を通じて次回の受験に向けて準備をする必要があります。

昇任試験は、高校生の定期テストのように科目ごとの試験範囲が狭く明確に決まっているわけではありません。昇任試験には、一夜漬けのような勉強は馴染みません。

昇任試験の出題テーマは、消防行政上の諸課題から出題されることが多いです。従って、日常業務を遂行中にたまたま耳にした行政課題であっても、出題され得るテーマではないのかなどと常に気に掛けておく必要があります。

本格的に論文の試し書きをし、あるいは面接の想定問答をイメージするのは、ある程度試験時期が近づいてからになるでしょう。しかし、その素材となりそうなことを見聞したときに記録するメモ帳などは、常時携えて忘れずに記入するようにしておきましょう。

学習対象としては、最近の消防法令改正、消防防災分野の大きな出

【コラム②】 《未知の世界》＝上位職の視点を得るためのコツ

　昇任試験は、現階級の優秀な職員を選抜するのではなく、上位職に相応しい職員を選抜するのが目的です。従って、論文試験や面接試験では、受験する上位職の立場になって回答しなければなりません。

　しかし、上位職の立場で考えるということは意外と難しいものです。受験者にとって上位職は未知の世界ですので、どうしても現階級の立場で考えがちになってしまいます。

　そこでお勧めなのが、実際に上位職の方の座席、あるいは指揮をする位置を経験してみることです。

　事務室内で受験者が一人になることがあれば、上位職の方の席に近付き、席の後ろに立ってみると、受験者などの部下や事務室内の風景がどのように見えているのか、感じることができるでしょう。ことに、受験者が事務室内でほかの職員と机を並べて座っていて、上位職は窓を背にする席に独立して座っているのであれば、見える景色は全く異なります。上位職の席は、事務室全体を統括しているという感覚を体験できるのではないでしょうか。

　また、受験者が部隊の隊員で、上位職が隊長である場合には、隊長が普段隊員を指揮する位置に実際に立ってみましょう。ポンプ車を背に隊長が立ち、隊員はポンプ車に向かって隊長の指示を受けているとすれば、隊長の位置に立つことで、指揮する立場を実感することができるでしょう。

　このように、実際に上位職のいる場所を経験してみることで、上位職の視点を感覚的に理解できることがあります。ちょっとした取組みですが、ぜひ試してみてください。

来事は元より、消防本部内の主要な通知・通達、会議などで消防長をはじめ幹部が発言した内容などに関心を持ち、資料収集をしておく必要があります。消防職員向けに販売されている教養図書や月刊誌も、消防行政を取り巻く社会動向などを把握するのに貴重な情報源です。

　ことに、論文と面接では、消防本部の幹部が消防行政上解決すべき課題と認識しているテーマが出題されることがあります。現在自分の消防本部が直面している行政課題は何か、日頃から幹部と問題意識を共

有するつもりでいると、自分自身のアンテナも高くなることでしょう。

7．上司の支援、同僚との相互協力
一上司や同僚との連携を大切に一

上司は、過去に昇任試験に合格して現在の立場にいる方です。まさに昇任試験に合格した実績のある先輩です。どのように事前準備をして試験対策を行ったのか、教えを乞いましょう。

また、論文や面接試験を受験することが確定した段階で、あなたが書いた模擬論文への指導や、模擬面接をぜひお願いしてみましょう。実体験に基づいた、合格への支援をしていただけるのではないでしょうか。

上司としても、将来の人材を育てることにはやりがいを感じるものですし、その方の実績にもなります。きっと自分の部下の昇任試験合格に向けて、協力していただけることでしょう。

さらには、ともに受験する親しい同僚と共同で資料収集を行い、書いた模擬論文について意見交換してみるのも、互いを高めることにつながります。人が違えば視点も大きく異なります。「そのテーマは出題の可能性が大きい」、あるいは「こうした書き方も高い評価を得るかもしれない」と、大きな気付きを与えてもらえるかもしれません。

さらには、上司や同僚を通じて過去の出題例を収集できれば、効率的な勉強を行えます。

8．人物重視の傾向
一多くの受験者の中から、面接で最終合格者を選抜一

かつては筆記試験と論文試験の成績で概ねの合格者数を選抜し、面接試験では上位階級の人物として差支えないかを確認する程度のことが行われていました。受験者にとっては、面接試験までたどり着けば、ほぼ最終合格は近いという運用でした。

しかし、現在では人物重視の昇任試験が行われる傾向にあり、最終

【コラム③】 面接は一問一答

　面接試験は、基本的に一問一答です。質問に対して述べたい事柄が沢山あるとしても、延々と話しては面接官から遮られてしまいます。

　面接官がより詳しく回答を求める場合には、更問を繰り返してきますので、これに応じるようにしましょう。更問がなければ、受験者が述べたかったことを話せないとしても諦めなければなりません。

　例えば、「あなたの現在の職務は？」の質問には、「〇〇消防署の特別救助隊員です」が妥当です。更問がないのに、あなたが一方的に、「消防に入る当時から特別救助隊員に憧れていたので、現在私は誇りを持ってこの職務に従事しています。最近の火災現場でも……」と話を続けてしまうと、面接官は残念そうな表情をしてしまうかもしれません。

　ただし、面接官から「２分間与えるので、あなたが将来取り組みたい仕事について説明しなさい」のように質問されることもあります。こうした場合には、与えられた時間で、自分の考えを述べましょう。

　合格者数よりもかなり多くの受験者を面接試験の対象として、面接試験の成績で最終合格者を絞り込む運用になってきています。これは、職員のパワハラやセクハラなど不祥事が絶えず、また対外的な人間関係を苦手とする職員も散見されることなどから、面接試験において念入りにその人物像を観察して合格者を決定する必要に迫られているからです。

　従って、人事当局は面接官に対して、受験生に対する評価に極力差をつけるよう求めています。どの受験生にもほぼ同様の評価がついてしまっては最終合格者を選抜できないので、面接官としては、少しでも受験者の応答に優劣があれば、点数あるいはA～Eの段階評価などに反映させることになります。

　以上のように、面接試験は昇任試験の合否を決定する重要な関門となっています。

　なお、昇任試験の最終合格者の決定に際しては、勤務評定の評価も

大きく考慮されています。昇任試験に合格するためには、受験対策だけではなく、日頃の勤務において高い評価を得られるよう実直に職務に取り組むことが重要なのはもちろんです。仕事に熱心に取り組まないで受験対策を行っても、合格はできません。

第2章

合格する面接対策のポイント

1. 面接で何を評価されるのか
―評価項目から分かる、面接のポイント―

　面接官は、面接で受験者の何を見ようとしているのでしょうか。そのことは、すなわち面接試験での評価項目になります。一般に、面接官の手元にある評価表には、次のような項目が記載されています。それが、**問題意識、積極性、指導力、表現力、人間性**です。

　面接官がこれらを総合評価した結果、その受験者を自分の部下として招きたいと感じられるようであれば、高得点につながります。

　問題意識とは、消防行政の様々な課題に対して、①その課題を認識しているか、②内容を理解しているか、③課題を解決するための消防本部の現在の取り組み状況を把握しているか、④受験者は課題解決に向けてどのように関わろうとしているのか等です。

　取り上げられる課題は、「震災に備えた市民の防災行動力の向上」のように対外的なテーマの場合もありますし、「警防隊員の受傷事故防止対策」のように消防本部の内部管理がテーマの場合もあります。

　積極性とは、職務に対して積極的に取り組もうとする意欲、姿勢が

見られるかです。消防行政上の課題解決に向けた意欲、姿勢を見られることもありますが、日常の職務遂行全般についていわゆる指示待ちの態度ということはないか、自ら果たすべき任務を見付けて行動する職員であるかどうか等が評価対象になります。

指導力は、受験者が部下を持つ立場になった際に、部下を組織の方針に則して指導し、的確な指示を行い、実際にそのように動かすことができるかが評価されます。消防は階級社会ではありますが、上位階級者は部下からその立場に相応しい信頼を得ていなければなりません。

大きな声で怒鳴れば、部下が忠実に指揮に服するというものではありません。指揮する立場に応じた、部下が積極的に指揮下に入ってくれるような人柄であるかどうか、その裏付けとなる職務知識があるかどうか等が評価されます。

表現力は、自分の言葉で伝えたいことを的確に相手に伝達できるかどうかです。論文試験が文章を書くことによる表現であるのに対して、面接試験は口頭での表現になります。ずっと日本語を話してきたのだから言葉で伝えるのは簡単だと思いがちですが、実は短時間で要領よく、また誤解なく相手に自己の考えを伝え、事実経過や目前の状況を知らせるのは、思いのほか難しいものです。受験者が黙り込んでしまう、あるいは回りくどい言い方で何を伝えようとしているのか理解しにくいような回答になってしまうと、当然評価は下がります。

人間性は、上位職として部下を監督し、また対外的な業務を行うことのできる人柄であるかどうかが評価されます。面接官の感覚に大きく依存する評価ですが、受験者は組織を代表して人前に出られるだけの素養のある職員なのかどうか、そつなく対人関係を処理できる職員かどうか等が、面接試験での各質問に対する応答内容や表情、態度、言葉の調子など全般にわたって観察されます。

消防では、下位の階級ほど職場内の職員同士の人間関係が中心であるのに対して、上位職になればなるほど対外的な業務の比率が多くなります。いわば、消防組織の顔として受験者を市民に会わせても大丈夫かどうか等が評価されます。

2. どのような質問をされるのか、どこを評価されるのか
—様々な観点での質疑応答に備える—

1に記載した評価項目を面接官は採点します。そのために、面接試験では様々な質問が面接官から発せられます。

しかし、評価項目ごとに質問が組み立てられるわけではありません。面接試験の導入から始まり、上位職になったならば従事したい職務、消防行政の課題に対する考え、部下の人事管理や上司との関係等々、様々な質疑応答を繰り返し、それを通じて面接官は評価項目についての心証を固めます。その評価は、その受験者に対する面接の終了後に、次の受験者が面接官の前に来るまでの間に評価表に記入されます。

なお、一般に、評価表には評価項目に対する評価点を記入するだけではなく、特記事項があればそれを記載できる欄が設けられています。特記事項欄には、その受験者が特に優秀であり、ぜひ合格させてもらいたいといった面接官の要望や、その逆に、その受験者には大きな欠陥があり上位職に合格させてはならないと面接官が判断した事情などが記入されます。また、人事管理上、特に配慮が必要な身上などが面接試験を通じて明らかになったような場合にも、その内容が記載されます。

ここからは、面接試験でどのような質問があり、どこを評価されるのか、模擬的な面接試験のイメージで説明します。

①導入

いきなり消防行政の課題などの質問をする面接官がいるかもしれま

せんが、多くの場合、面接試験の導入では受験者をリラックスさせるために簡単に応じられそうな質問から開始されます。

　例えば、「現在のあなたの職務は何か？」「これまで経験した仕事で特に苦労したことはどのようなことか？」「あなたがこれまでに関わった仕事の成果として、最も自慢できるものは何か？」等といった具合です。

　これらに対する受験者の回答が、面接官にとって興味を抱く内容であれば、そのテーマについて更に質問が続くことがあります。これを更問といいます。

　例えば、「現在のあなたの職務は何か？」に続けて、「何故その職務に取り組もうと思ったのか？」「その職務のやり甲斐はどのようなものか？」「その困難を打開するためにどのような工夫をしたか？」「その成果を達成するために努力したことはどのようなことか？」「そうした経験は、これからの業務にどのように活用できると思うか？」等です。

　この程度の質疑応答だけでも、受験者が明確にハキハキと回答しているか、あるいは黙り考え込んで回答に時間を要しているか等により、積極性や表現力の評価につながっていきます。

　また、回答内容が極端に抽象的で、これまでの仕事での苦労や成果を具体的に挙げられないようですと、そもそも主体的に職務に対して取り組んできたのかと疑いを持たれ、評価項目全般の低評価になりかねません。

②自己分析

　面接試験では、受験者自身の自己認識や上位職になったならば従事したい職務などを質問されることが多いです。

　これは、自分で自分をどのように認識しているのか、自分の特性を

どのように活かし、あるいは高めようとしているのか、上位職に就任するイメージを描いているか等を面接官が評価するものです。

こうした質問に対しては、自分の優れた面を回答すると図々しいと思われてしまうのではないか、今後改善すべき面を回答するとダメな人材と思われてしまうのではないかなど、回答に際して言っていいものかどうか悩ましく感じる受験者もいることでしょう。

しかし、心配は無用です。むしろ、具体的な回答がなければ、この受験者は自己分析すらできないと、人間性などの評価項目で低評価を受けてしまいます。

普段自分で感じている自己の優れた面、今後努力したい面を素直に回答しましょう。また、上位職になって従事したい仕事を言えるかどうかは、昇任の意欲を計る目安になります。積極性などの評価項目につながるものです。

具体的な質問としては、「あなたの長所と短所は何か？」「これまでの仕事で、その長所を活かせたことはあったか？」「その短所を改善するように何か取り組んでいることはあるか？」「この試験に合格して昇任したら、どのような仕事をしたいか？」「あなたの同僚は、あなたをどのような職員だと感じていると思うか？」等があります。

こうした質問を通じて、積極性、指導力、人間性などの評価項目が評価されます。

また、長所や短所のように、受験者にとっては言いにくいことをあえて質問するのは、難しい問題に直面したときに何らかの打開策を講じることができるかどうかを見るためです。

長所とそれを活かした仕事の成果は、自信を持って多少強くアピールしましょう。短所は、受験者への評価が致命的に低下しない程度の無難なものを多少控え目に述べましょう。合わせて、その改善に取り

【コラム④】　面接の回答は修正してもいい？

　面接試験で回答していて、間違った方向の回答をしてしまったと気付いた場合には、それを修正してもいいものでしょうか。それとも、言い出してしまった以上は、それを貫くべきでしょうか。

　結論から言えば、気付いた時点で修正を図るべきです。質問の意図がよく分からずに回答してしまい、あるいは最初はこうだと思って回答したが、面接試験の途中で間違っていることに気付くことは実際にあることです。

　また、回答が不適切だと面接官が感じた際に、面接官から「こうした考えもあると思いますが、いかがですか」といったように、助け船が出されることもあります。

　こうした状況で、一度言い出してしまったからと受験者が最初の回答にこだわると、面接官としては軌道修正のできない受験者、臨機応変の対応ができない偏屈な受験者として、低評価の採点をしてしまいます。

　軌道修正をする際には、「先ほどは××を理由にこのように回答しましたが、△△もあり得るので〇〇のように考えるべきだと思います」などと巧みに回答するといいでしょう。

組んでいることを付け加えましょう。

③消防行政の課題

　現在消防本部が直面する行政課題についての質問は、おそらくほとんどの面接試験で問われることでしょう。

　消防行政のどの分野から質問されるのかは、面接官によって様々です。例えば、受験者がこれまで救急分野を長く経験している場合、その分野から質問する面接官がいる一方で、救急以外の予防分野などからあえて質問する面接官もいることでしょう。また、面接官自身が強く関わっている消防行政の分野から質問されることもあります。

　従って、この分野の質問がなされるのではないかと決め打ちをした準備は禁物です。広く浅く、また得意であり関心のある分野であればより深く回答できるようにしておくことが大切です。

具体的な質問としては、「消防活動の安全管理対策について現状の課題は何か？」「より一層のデジタル化を進めるべき消防業務はどのようなものか？」「高齢化社会の震災対策について提言はないか？」「公務員の定年延長は消防活動にどのような影響を与えると思うか？」「市民への応急手当の普及率を向上させるための課題は何か？」「防火対象物の違反是正を推進するための障害は何か？」等です。

　質問に対して回答すれば、ほぼ必ず「その課題はどのようなことか解説せよ」と更問がなされます。テーマ名だけではなく、多少なりともその内容を説明できる程度の知識が要求されます。

　また、続けて「当消防本部では現在その課題にどのように取り組んでいるか知っているか？」「あなたの立場でこの課題にどのように対処したいと思うか？」「昇任したならば、この課題をどのように解決したいと思うか？」のように追加の質問がなされることでしょう。

　こうした質問では、受験者の問題意識が明らかになります。消防行政の動向に日頃から関心があるか、それに対して受験者なりの意見を持っているか、受験者自身はその課題にどのように取り組もうとしているのか等が評価されます。合わせて、職務に対する積極性、表現力や人間性も評価されます。

　なお、質問に対する知識が皆無で、全く初耳のため回答しようがないということもあるでしょう。困った顔をして黙っていては、質問を変えて欲しいと表情だけで訴えているようになってしまいます。素直に「申し訳ありません。そのテーマについては勉強不足で分かりません」と回答しましょう。評価は下がりますが、別の質問をしてもらえることでしょう。

④部下の人事管理、上司との関係

　昇任試験に合格すれば上位職に任命されるのですから、部下の人事

管理が重要な職務になります。また、階級が上がるほど従来よりも仕事で接する幹部の範囲が広くなりますから、上司との関係をどのように構築するのかも重要になってきます。

　ことに消防職員の不祥事やセクハラ、パワハラが社会問題になることもあり、消防本部の幹部は各職場での適切な人事管理を重視しています。

　こうしたことから、面接試験で例外なく質問されるのが、部下の管理、上司との関係についてです。質問の仕方は、抽象的に問うものから、具体的な事例のように問うものなどバリエーションがあります。

　部下の人事管理について、次のような質問が想定されます。「部下の非違行為防止のために日頃どのような指導をするか？」「何故消防機関でパワハラがなくならないのか？」「男性部下が女性の後輩にセクハラをしているという噂を聞いたら、どのように対処するか？」「部下から家庭内の事情について相談を受けたら、どのように解決するか？」「年齢が上の部下に対して何か配慮することはあるか？」等です。

　また、上司との関係については、「あなたの意見が上司に拒否された場合、あなたはどうするか？」「ある分野について明らかにあなたの方が上司よりも職務知識が豊富な場合、上司にどのように接するか？」等です。

　こうした質問では、まさに受験者の指導力や人間性が評価されます。すなわち、この受験者に部下を預けて大丈夫かどうか、適切に幹部を補佐できるかどうか、が評価されます。

　消防は階級社会ではありますが、階級だけを理由に高圧的に部下を支配するのではなく、人間的な信頼関係に基づいて部下の人事管理を行えることが望まれます。回答では、こうした姿勢や態度を示すといいでしょう。合わせて、どうしても組織の方針を遵守すべき場面では、

年齢が上の部下に対しても決して妥協しない指示命令を行えることも回答する必要があります。

　上司との関係では、意見具申を試みてそれでも上司の指示がなされれば、仮にそれに不満があっても素直に上司の指示を尊重する姿勢や態度をアピールしましょう。

３．面接試験の準備
―丹念な情報収集と、模擬面接の活用―

　面接試験は昇任試験の最終段階であり、その直前の論文試験などの合格発表を待って面接試験を受験できるかどうかが決まります。しかし、それから準備したのでは到底間に合いません。本気で昇任試験の合格を目指すのであれば、面接試験で回答する題材などを通年収集する必要があります。

①情報の収集

　面接試験の質問項目は概ね２で紹介した通りです。そこまで分かっているのですから、日頃から回答に必要な情報を収集しておきましょう。

　具体的には、消防本部内で発出された主要な通知・通達文書、消防本部内の主要な会議で消防長以下幹部が配布した資料や発言記録、消防関係の教養図書や月刊誌に掲載された消防法令の改正や総務省消防庁の行政施策などです。特に昇任試験の一年以内の大きな動向には注目しましょう。

　しかし、何もこれらの資料のコピーを全て収集する必要はありません。面接試験では短時間に口頭で回答をすればいいのですから、例えば通知・通達であれば、その趣旨程度を押さえておけば十分です。細部まで知っていなくても面接試験での回答に活かせます。その話題が何のことなのか全く分からない、という事態にはならないように準備

【コラム⑤】　面接試験での表情は？

　本書では、面接試験や論文試験の回答内容について主に解説しています。

　しかし、面接試験は対面ですので、受験者の顔の表情を面接官に見せることになります。また、回答の声の強弱や早さ、強調する言い方なども面接官に伝わります。これらは面接試験の評価に影響するのでしょうか。

　人物評価を重視する最近の昇任試験において、受験者の人間性は重要な評価ポイントです。特に上位職になるほど部下の数は多く、市民と接する対外的な業務も多くなります。従って、受験者の表情や声の調子などから感じられる受験者の人柄や信頼感は、極めて重要な評価ポイントです。

　緊張の余りずっとにらむような怖い顔をしているよりは、多少笑顔で余裕のある表情の方が、包容力があるようで印象がよくなります。また、終始同じ平べったい声の調子ではなく、強弱のある話し方には、伝達力や説得力があります。

　実際に、面接試験においては、回答内容だけではなく、顔の表情や声の調子などの表現力が評価を大きく左右します。

　ぜひ、一人で家にいるときなどに、鏡に向かって面接試験で回答するつもりで、自分の表情を見てみてください。余裕のある表情で、ある程度全身で回答を発信し、発声も早すぎず遅すぎず聞き取りやすくなっているか、セルフチェックをしてみましょう。

　なお、面接試験では、正服か私服かを指定されます。どちらにしても、端正で清潔でなければならないことはもちろんです。また、整髪なども消防職員の原点に従い、消防学校の初任教養で指示された容姿で面接試験に臨みましょう。

しましょう。

　なお、一概には言えないかもしれませんが、警防、救急、予防などの専門業務に長く従事している職員にとって、苦手なのが総務系と人事系の分野です。しかし、実は昇任試験の受験成績に大きく差がつくのは、この分野で得点を上げられるかどうかだと言われています。昇任試験の科目で言えば、組織管理や人事管理に相当します。意識的にこの分野に関心を持つ必要があります。

また、自己分析や人事管理などの質問に対しては、事前に自分自身の頭を整理して、回答案を考えておく必要があります。なるべく多くの想定質問を思い描き、短時間で述べられて密度の濃い回答案を検討しましょう。

　以上の事前準備を一覧にできるものとして、29ページの面接対策準備シートの作成をお勧めします。これに必要事項を記入してみると、情報収集が不足している分野や、思考をさらに深めないと回答が苦しくなりそうな分野が明らかになることでしょう。

　なお、このシートに記入することは、勤務評定の自己申告と整合性を図る必要があります。人事当局は最終合格者の決定に際して、勤務評定と面接試験での応答を突き合わせるかもしれません。

②模擬面接

　面接試験を受験できる段階になったならば、上司などにお願いして模擬面接をやっていただきましょう。加えて、あえて回答しにくい難解な質問、意地悪とも思えるような更問もお願いしてみましょう。

　本番前の大きな負荷は、本番での負担を軽減します。受験者が一人で頭の中で想定質問を考え、回答案をつぶやいているよりも、はるかに臨場感のある事前体験ができることでしょう。

　模擬面接は、普段対面している上司とはいえ、小会議室などで向かい合うと思いの外緊張するものです。また、頭で考えていた回答案を実際に発言してみると、要領を得ないしどろもどろの言葉になってしまっていることにも気付けます。

　自分で納得できない回答案は再検討をするとともに、上司にも遠慮なく意見を言っていただきましょう。この場で不愉快なことがあっても、合格すれば全ての苦労を精算してくれます。

　模擬面接は、本番直前の段階での、合格に向けた最終チェックです。

面接対策準備シート

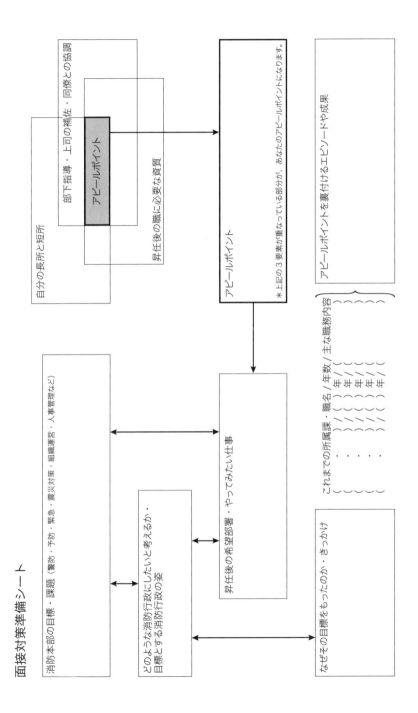

これによって、ぶっつけ本番よりも、はるかに充実した回答ができるようになることでしょう。

第3章

合格する論文対策のポイント

　論文対策については**第1章**で述べていますし、『合格する消防昇任論文の書き方』（公職研）にかなり詳細に記載されていますので、そちらを参考にして準備を行ってください。

　また、**第2章**の面接試験対策の消防行政の課題は、ほぼそのまま論文対策にも当てはまります。

　ここでは、実際に論文を書く際の注意事項を何点か述べることにします。

　採点者は何枚もの論文を読み、受験者を選抜するために評価で差をつけなければなりません。論文の執筆では、中身が濃く、かつ心地よく読んでもらえるような書き方を心掛ける必要があります。

①論文の分量

　記述する論文の分量は、配布された回答用紙の概ね8〜9割程度を目標にしましょう。

　配布された用紙に対して回答の分量が余りに少ないと、知識不足、表現力の欠如と評価されてしまいます。問われた内容に詳しくなく、書けることを多く思いつかなくても、自分であればこの課題を解決するために上位職としてこのように挑戦したいなど、少なくとも半分以上の分量を文字で埋めるように努力しましょう。

> ### 【コラム⑥】 読むことと聞くことは、書くと話すの上達の近道
>
> 　論文試験も面接試験も、文章を書き、あるいは話す試験ですので、事前準備はそれらを行うことになります。
>
> 　しかし、書くためには文章を読むこと、話すためには話を聞くことがとても重要です。それらは決して遠回りではなく、実は上達の近道です。
>
> 　新聞でも小説でも、文章を読むと、読みやすい文章と読みづらい文章に出会います。読みやすい文章はどのような書き方をしているのか、読みにくい文章は何故読みにくいのか、考えてみることで自分にとっての読みやすい文章がイメージできてきます。
>
> 　また、人の話を聞くと、分かりやすい話し方と要点の伝わらない話し方に出会います。署内のちょっとした会議での発言や、通知・通達について上司や同僚が説明する場面でも構いません。時間ばかり掛かって要領を得ない説明もあれば、短時間で明瞭な説明もあることでしょう。自分ならば、どのように話してみたいか、考えてみるのは大いに自己の表現力を高めます。
>
> 　他人の文章を読み、他人の言葉を聞いて感じた、自分自身は読みにくい文章や分かりにくい言葉づかい。「自分自身はそうした文章で周りをイライラさせない」という決意が、自己の文章と言葉の表現力を向上させるのです。

　一方で、問われた内容が受験者の得意分野で知識が豊富だとしても、多く書けばいいというものではありません。与えられた分量で回答をまとめることは、重要な評価要素です。消防本部によっては、用紙が足りなければ追加で配布することもあるかもしれませんが、用紙の追加はお勧めできません。

　また、用紙の罫線上に記入しきれずに、欄外や用紙の裏に記述することも低評価につながりかねません。

②出題テーマに対して記述する

　当然のことですが、出題されたテーマについて記述しなければなりません。

　まれにですが、受験者が予め準備してきた論文テーマと出題テーマが異なる場合に、「申し訳ありません。このテーマしか考えていませ

んでした」と書いて、準備してきたテーマで記述する受験者がいます。問われたことに対して記述していないのですから、これは全く採点対象外です。

　論文試験で思いがけないテーマが出題されても、知識やこれまでの経験を総動員して、何とかそのテーマに対して記述しましょう。

③鉛筆の濃さ、文字の大きさ

　２Ｈなどの薄い鉛筆を使用し、あるいは極端に小さな文字で記述すると、採点者は読むのにかなりの負担になります。

　それだけで低評価にされるものではありませんが、濃い鉛筆で読みやすい大きさの文字を心掛けましょう。

　論文試験は、択一式試験のように正解が一律に決まるわけではなく、採点者の判断で得点が決まります。そのことに十分留意して記述しましょう。

面　接　編

✧ 面接官の質問

①　昇任試験を受験した動機は何ですか。

✧ 回答にあたってのポイント

1. 昇任意欲を示す。
2. 昇任して何をしたいのかを明確にする。
3. 上司の補佐と部下指導について所見を持つ。

〔 面接例① 〕

Q1　あなたはなぜ消防司令補になりたいのですか。

　私は、救急救命士としての救急隊員経験を活かして、これからも市民に貢献したいと思っています。そのために、消防司令補に昇任して、ぜひ救急隊長として今後の活動の場を広げたいと考えています。

Q2　救急隊員と隊長の違いはどこにありますか。なぜ隊長になりたいのですか。

　3名で構成される救急隊は、隊長の指揮下で傷病者救護を行います。隊長は指揮者であると同時に、傷病者や家族から受傷機転や既往症を聴取し救急処置などを行って、場合によっては搬送連絡も行う、いわばプレイングマネージャーです。隊長の判断が救急活動の成否を決定するものであり、私はこの重責を担う立場で今後の消防業務を推進したいと考えます。

Q3　あなたには、その重責を担えるだけの能力がありますか。

　私は、救急救命士として管内の医療機関との症例検討会などに参加し、また、積極的に上司を補佐しており、部下の指導育成も行えるだけの人間性を備えていると自負しています。昇任した折には、より一層の自己研鑽に励み、上司、同僚、部下とともに職場の活性化に努め

ます。

面接編

［ 面接例② ］

Q1　昇任試験を受験した動機は何ですか。

　私は予防業務を担当していますが、中心的に仕事を推進するのは主任であり、消防士長はその補助的な役割が多くなってしまいます。私は予防業務の知識、技術に自信があり、また建物関係者や設計業者などへの対応も的確に行えると思いますので、ぜひ消防司令補に昇任にして係の主任として業務を進めたいと思います。

Q2　補助的な仕事では、やり甲斐がないのですか。

　決してそうではありませんが、例えば法七同意でどのような指導を行うのかを係内で主体的に判断するのは主任ですし、査察で建物関係者に違反事項を説明するのも主任です。私は能力を蓄えてきた自信がありますので、こうした業務を遂行する立場になりたいと思います。

Q3　消防司令補は部下を持つ監督員になりますが、部下の指導育成はどのように行いますか。

　部下職員の仕事の職務上の希望を把握し、それを伸ばす手助けをするのが監督員の重要な役割だと思います。もし予防を希望する職員がいれば、県消防学校での研修受講やその事前学習などを支援します。また、予防分野を希望する若手職員が少ない現状です。警防や救急とは違った意味で、達成感のある仕事であることを伝えたいと思います。

　本音では処遇がよくなることも昇任動機であろうが、面接においては上位職として具体的に何をしたいのか、また上司や部下との関係をどのように認識しているのかが評価のポイントになる。面接官があなたに部下を任せ、また、あなたを主任として迎えたいと思うかどうかで、合否は決まる。

◇ 面接官の質問

② 警防畑が長いようです。予防や救急にも取り組むことができますか。

◇ 回答にあたってのポイント

1. これまでの経歴などから、自己の得意な分野を説明する。
2. しかし、それにこだわり過ぎると厳しい質問をされかねない。
3. 未経験の分野にも挑戦する心意気を示す。

〔 面接例① 〕

Q1 これまで警防畑が長いようですが、この先もこの分野を希望しているのですか。

　私は、特別救助隊にあこがれて消防に就職しました。幸いにも採用から2年後に救助研修に派遣され、特別救助隊員になることができました。数多くの現場経験を積んできましたので、この先はこれを活かして精強な部隊づくりをしていきたいと思います。

Q2 予防や救急に関心はありますか。

　法令権限を行使して火災の被害を未然に防ぐ予防業務や、高度な医療処置を行う救急活動は、とても大切な消防の仕事です。また、災害活動経験のある消防職員が救急や予防を行うところに、消防機関がこれらの業務を行う意義があると思います。私はこれまでも、予防の法改正や救急の処置拡大などに関心を持ってきました。

Q3 もし、救急や予防を担当するよう指示されたら、あなたはどうしますか。

　昇任後も警防分野で働きたいとは思いますが、こだわるつもりはありません。救急や予防を担当するようにとのご指示があれば、新しい分野に挑戦する機会を得たと考えて、積極的に取り組んでまいります。

［面接例②］

Q1　これまで警防畑が長いようですが、この先もこの分野を希望し
　　ているのですか。

　私は、火災現場で働く消防隊員にあこがれて消防職員になりました。
ポンプ車の機関員として長らく経験を積んできましたので、若手の機
関員の指導育成など、この先もこうした経歴を活かせる仕事をしてい
きたいと思います。

Q2　予防や救急に関心はありますか。

　法令集などを勉強しなくてはならない予防業務も、医療的な知識技
術を学ばなければならない救急業務も、これまでの私は担当したこと
がありません。予防や救急は消防機関にとって大切な仕事だと思いま
すが、正直なところ余り関心なく過ごしてきました。

Q3　今後も、予防や救急の仕事をするつもりはないということで
　　しょうか。

　業務命令ということであれば、余り自信はないのですが、それには
従います。しかし、消火活動や機関運用の分野を私に担当させた方が、
消防組織は私の能力を活用できるのではないかと考えます。

　パターン②は推奨事例ではなく、不合格を自ら呼び込んでしまう例であ
る。警防分野を今後も希望する主張にこだわり過ぎて、更問に対しても、
修正できない回答になってしまっている。

　このように、面接で何か一つのことを決めつけるような回答をしてしま
うと、更問への回答が苦しくなることがある。面接官は、受験者への助け
舟として、回答内容を軌道修正できるような質問をしてくれることがある
ので、その意図を理解する必要がある。一度回答した内容を、一切変えて
はいけないということはない。

◇ 面接官の質問

③ あなたの強みは何ですか。あなたの弱みは何ですか。

◇ 回答にあたってのポイント

1. 長所と短所を認識できるだけの、自己分析力が問われている。
2. 長所によって、成果を上げたことをアピールする。
3. 短所については、それを改善する取組みも説明する。

面接例①

Q1　あなたには、どのような長所と短所がありますか。

　長所は、取り組むべきことに自分自身が納得できるまで、とことん徹底して極められることです。短所は、反省し克服しているのですが、若手への訓練指導などで乱暴な言葉を使ってしまっていたことです。

Q2　長所を活かして、これまでどのような仕事をしてきましたか。

　例えば私は、引揚救助の隊員として、この程度で十分という妥協を一切せずに、時間の短縮と減点のない活動を追い求めました。そして、県の代表として全国大会に出場することができました。

Q3　短所について、少し詳しく話してください。

　私は、上司として怒り、部下を緊張させるのが訓練指導の唯一のやり方だと思い込んでいました。しかし、パワハラなどで命を落とす方もいるとの報道を見て、私のために傷付いた職員がいるのではないかと感じました。そればかりではなく、私がパワハラの指摘を受ければ、組織に迷惑が掛かりますし、私自身にとってもマイナスとなります。今では、受傷事故につながる危険行動には大声を出しますが、日常の訓練では、事前説明や行動の手順の理解に時間を割くなど、決して怒鳴らず、隊員が安心して主体的に取り組める訓練に努めています。

〔面接例②〕

Q1　あなたにはどのような長所と短所がありますか。

　私の長所は、分からないことや疑問に感じたことを徹底して調べて、自分の仕事に反映させることです。短所については、特にないと思います。

Q2　本当に短所はありませんか。何か自分自身を改善しようと思うことなどはありませんか。

　メールの送受信やワードによる文書作成程度はできますが、電子情報の活用などのDXと言われる分野は不得手です。国や他の消防本部で予防業務の電子申請が検討されるなど、様々な電子化が進む社会動向ですので、こうした分野に関心を持ちたいと思います。

Q3　あなたは自分を分析して、人間性などの面でさらに向上させたいと思うことはありませんか。

　私は予防課の窓口業務を担当していますが、設計業者がこちらの指導事項を受け入れない場合などに、余り自覚はないのですが、私の声は大きくなり、不愉快そうにしているそうです。上司から、そのように指摘されました。公務員として好ましくありませんので、強く意識し改めようと努力しています。

　控え目な態度の方が高評価になると考えると、自ら長所を述べるのには抵抗が生じる。また、短所を言えば、低評価になるのではないかと心配にもなる。しかし、この質問の意図は、自己分析ができて、自らをより一層高めることのできる職員かどうかを見極めることにある。

　長所については、仕事で成果が上がった例を示せるものを選択すると、内容のある応答につなげられる。短所については、改善に取り組む応答をすることで、短所といえども、自己改革を図り向上させる端緒にしているとアピールすることができる。

✧ 面接官の質問

④ 現在の業務における課題は何ですか。どのような対策をとりましたか。効果はどうでしたか。

✧ 回答にあたってのポイント

1. 体験に基づき、具体的な課題を示す。
2. 成果の上がった対策を説明する。
3. 組織の方向性に合致した内容を話す。

〔 面接例① 〕

Q1　過去にあなたが担当した業務では、何か課題がありましたか。

　私の所属していたポンプ中隊は、2隊で構成されていました。ある時の火災出動現場で、互いに相手が水利部署すると思い込んでしまい、どちらも水利部署せずに消火活動に遅れが生じた事案がありました。各隊が、水利部署について連携していなかったのが原因でした。

Q2　その後、各隊の連携はよくなったのですか。

　出動時に必ず水利部署を確認し合えるよう、車庫内に台を設置して、そこに機関員の地図を置くようにしました。出動指令が入ると、各隊の機関員はそこで水利部署を判断し、そこに駆けつける各隊長に報告するようにしました。その後は、各隊の連携に問題は起きていません。

Q3　その解決策は、どのようにして発案されたのですか。

　隊長、機関員だけではなく隊員も含めて、対応策を検討しました。火災の出動時に同じ水利地図を見ても、どちらの隊がどこの水利に部署すべきと考えるか、隊長や機関員によって一様ではないことが分かりました。その結果、車庫内に地図を置く台を設置して、必ず連携できるようにすべきだと、皆が納得しての結論となりました。

面接例②

Q1　過去にあなたが担当した業務では、何か課題がありましたか。

　私は予防課の毎日勤務で査察を担当しています。数年前から、防火対象物の増加に合わせて、交替制の職員も査察を行うことになりました。しかし、多くの交替制の職員は予防分野に不慣れで、また予防分野への職務意欲が必ずしも高くない現状にありました。また、間違った違反指摘をしてしまうことなども、懸念されました。

Q2　その状況に対する方策を、何か行いましたか。

　交替制の職員用に初歩的な事務の手引きを作成し、説明会も何度も行いました。また、査察の準備段階や査察を行っている現地からでも、何か疑問があれば、電話やメールで私ども予防課員に気楽に質問できるようにしました。さらに、予防課員が同行して、実地に査察のやり方を身に付けさせる取組みもしました。

Q3　効果は上がりましたか。

　はじめは、交替制の職員に「査察は難しい」という思い込みがあったようですが、現在ではそれが克服され、年間計画が着実に達成されるようになりました。また、交替制の若手職員が「将来、予防分野に進みたい」と、予防技術検定の受検や県消防学校の予防研修を目指すようになっており、人材育成にもつながったと思います。

　仕事に対して常に問題意識を持ち、さらに成果を上げようとする意欲を持つからこそ、業務上の課題を見付けることができる。職場に課題があると応答したら低評価になるのではないかとの心配は、無用である。むしろ、課題を感じないのでは、現状維持だけの職員と思われてしまう。多少の脚色はあっても、自らの体験に基づいた課題や対策を応答すべきである。

◇ 面接官の質問

⑤ これまでで最も手応えを感じた仕事は何ですか。（これまでの仕事
で失敗したことは何ですか。そこから何を学び、改善しましたか。）

◇ 回答にあたってのポイント

1. 経験した中で、なるべく成果の上がった仕事を述べる。
2. 失敗事例であっても、現在に活かされているものを紹介する。
3. 困難な場面で、頼りになる職員であるとの印象を与える。

面接例①

Q1　これまで最も手応えを感じた仕事は何ですか。

　私が消防同意を担当しているときに、当市にこれまでなかった規模
の複合型大型商業施設の設置計画が持ち込まれました。ほぼ全ての消
防用設備の設置が必要となるなど、当消防本部では過去に経験したこ
とのない対応を迫られました。当市を代表する防火対象物の新築の同
意事務を担当できたことは、大変手応えを感じる仕事でした。

Q2　どのような苦労がありましたか。

　スプリンクラー設備が不要の防火対象物が大半である当市におい
て、全体が一つの街とも言えるような規模の防火対象物の同意事務は、
これまでの知識、技術ではとても処理できませんでした。自らの勉強
ももちろんですが、同様の防火対象物のある大都市消防本部に出向い
て、指導を請いました。

Q3　今後に生かせることが何かありましたか。

　その防火対象物が外資系だったからか、設計業者の発想が極めて合
理的でした。消防側がしっかりと理論的に備えていないと、指導など
はできませんでした。加えて、当市では今後都市化が進むので、予防
分野の人材育成が急務です。幸いに私は、消防大学校への研修派遣を

命じられましたので、今後の予防行政に大きく寄与したいと思います。

[**面接例②**]

Ｑ１　これまでの仕事で最も失敗したと感じたことは何ですか。

　救急隊員として、芸能人が傷病者の現場に出動したことがあります。病院で医師への引き継ぎが完了し、ホッとしたときに同僚と「気疲れした」と話してしまいました。それが傷病者に聞こえていて、そのＳＮＳに「救急隊の皆さんにご迷惑をお掛けしました」と書き込まれました。私は、本当に心から後悔しました。

Ｑ２　そこから、何を学びましたか。

　救急隊が、個人的な感想などを安易に発してはなりません。また、救急搬送は、時として傷病者にとって絶対に外部に漏れてはならない個人情報です。その情報管理も厳重でなければなりません。市民の皆さまに救急隊を信頼して利用していただくためには、十分過ぎるほどに情報漏洩に留意する必要があると実感しました。

Ｑ３　そこから、具体的に改善したことはありますか。

　芸能人、政治家などの著名人を救急搬送した場合に備えて、本部の広報担当と報道対応要領を協議しました。取材が入ったならば、どの程度の情報を回答するのか、消防本部のどの部署、何の階級の職員が回答するのかなどを予め決めました。救急隊員を直接矢面に立てない方針にしてあります。

　面接官が質問で「最も」という言葉を使うのは、容易に回答できる事象ではなく、本当に手応えを感じ、あるいは失敗した事例を回答させるように追い込むためである。余りに小さな事象を回答すると、その程度の職務経験しかないのかと低評価になりかねない。

　自分にはそれ程の経験がないと思うかもしれないが、過去の経験を基にどれだけ感性を高めて回答に結びつけるかが、ポイントになる。

◇ 面接官の質問

6 上司から自分の考えと異なる指示があった場合、どうしますか。

◇ 回答にあたってのポイント

1. 上司の指示に従うのは、地方公務員法上義務である。

2. しかし、部下の意見具申が仕事の成果につながることもある。

3. 上司の指示に重大かつ明白な瑕疵がなければ、従う必要がある。

面接例①

Q1 あなたの考えと違う指示を上司からされたら、どうしますか。

　上司の命令に従うのは、地方公務員法上の義務です。特に階級制によって厳格な指揮命令系統を構築している消防においては、上司の指示に従うのは当然です。私の考えと上司の指示が異なっても、私は上司の指示を優先するのが基本です。

Q2 上司が間違っているかもしれないとしても、あなたは意見具申もしないのですか。

　災害現場のような緊急事態ではなく、事務作業のように時間的余裕がある場面でしたら、こうした意見はいかがでしょうかと積極的に上司に具申します。それは、私の方がその仕事に関して詳しい、あるいは経験が長いなどの背景があるときです。私がこれまで出会った多くの上司は、納得して私の意見を受け入れてくださいました。

Q3 あなたの意見が一方的に否定され、あなたには強く不本意な場合にはどうしますか。

　私が意見具申をした上での上司の判断ですので、最終的に上司に従います。そこで私が反発しては、消防組織の仕事はできません。さらにその結果、上司の判断が適正であったと分かれば、私は大いに反省

し、今後の職務に上司の考え方を活用したいと思います。

[面接例②]

Q1　あなたの考えと違う指示を上司からされたら、どうしますか。

　私は現在担当している予防の仕事に、自信と誇りを持っています。もしも上司から、私の認識では間違っていると思われる指示があれば、正しい指示を出していただけるよう上司に意見具申いたします。

Q2　それでも上司の指示が変わらなかったならば、あなたはどうしますか。

　関係する資料や法令を上司に示して、適正な判断をしていただけるように再度意見具申をします。私は間違いと分かっていて、不適正な仕事をしたくはありません。指示された通りであっても、間違った仕事をしてはいけないと思います。上司の理解が得られるまで、何度でも意見具申をいたします。

Q3　上司から議論を打ち切られ、指揮命令だと言われても、あなたは上司の指示に従わないのですか。

　公務員として、最終的には上司の命令に従わなければいけないとは思います。しかし、私は自分自身が適正な意見具申を再三行ったことを記録に残し、可能な抵抗を試みます。こうした記録は、私を守り、後々の組織のためにもなると思います。

　パターン②は、一問目の回答要旨を貫く余りに、二問目以降もその理屈を変えられずに回答し続けてしまったケースである。極端なケースと思われるかもしれないが、緊張した場面で、更問が続くのかどうかも分からない状況下では、往々にしてこうした問答が起きる。途中で回答の方向性を修正すべきと気付いたら、それまでの回答に縛られず、更問に対して回答を変更する柔軟性が大切である。

◇ 面接官の質問

⑦ 消防司令補に求められるリーダーシップとはどのようなものだと
考えますか。

◇ 回答にあたってのポイント

1. 消防司令補の職責に基づいて、リーダーシップを述べる。
2. リーダーシップとは何かを具体的に示す。
3. 自分がなりたいリーダー像をイメージする。

面接例①

Q1 消防司令補には、どのようなリーダーシップが求められると思
いますか。

　消防司令補は、部隊の隊長であり、主任として係事務で中心的な役
割を果たします。自ら担当する仕事を処理するだけではなく、上司の
意向を受け、部下を指揮し、一体となって成果を上げることが求めら
れます。従って、行うべき業務の方向を明確に示すとともに、部下を
指導育成できるだけの指導力が必要になります。

Q2 そうした指導力は、あなたに備わっていると思いますか。

　私は、これまで警防隊員として後輩への訓練指導に力を入れてきま
した。また、交替制の予防担当としても、査察業務などの知識、技術
を研鑽してきました。私は、隊長や主任として、部下をより高度な業
務の水準に導ける能力を備えていると自負しています。

Q3 あなたには、部下に慕われてそのような能力を発揮できるだけ
の人間性がありますか。

　私は、穏やかな中にも信念を持って部下に接することができます。
部下にとって話しやすい隊長、主任として、その能力や仕事への意欲
を的確に把握し人心を掌握してまいります。私の人間性であれば、頼

られ、信頼される消防司令補として、リーダーシップを発揮できます。

〔 面接例② 〕

Q1　消防司令補には、どのようなリーダーシップが求められると思いますか。

　消防司令補は、監督者である隊長、主任として、消防業務の運営に大きな役割を果たします。そのためには、職務上の知識、技術を備え、部下から慕われる人柄であることが必要です。そうであってこそ、部下への指揮や指導が行えると思います。

Q2　今までの経験で、指導力があると感じた消防司令補、あるいはそれに欠けると感じた消防司令補は、どのようなタイプでしたか。

　指導力があると感じた方は、まず我々部下から話し掛けやすく、また訓練や事務に関して理解しやすい説明をする方でした。我々部下の気持ちを十分把握した上で、仕事の方向性を明確に示してくださいました。なお、私がこれまで出会った方は、皆さま立派な方ばかりでしたので、指導力に欠けると感じた方は特に思い当たりません。

Q3　本当にそうなのですか。例えば、部下の意見を聞いてくれないといったタイプもいたのではありませんか。

　実は、決裁のお願いをした際などに、露骨に不愉快な表情をされる方がいました。その方は報連相の大切さを強調するのですが、とても意思疎通などは図れませんでした。コミュニケーションなくして、組織の仕事はできません。私は、たとえ事故などの報告でも、決して嫌な顔をせずに、部下の話を受け止める消防司令補でありたいと思います。

　今回のような抽象的なテーマでは、受験者の回答を聞いてから面接官が更問を考えることがある。更問は、徐々に具体的な方向に進む。また、反面教師になる職員から、何を学んだかを聞かれることもある。それに出会っていないというのは、不自然な回答である。

◇ 面接官の質問

⑧ 職場のパワーハラスメント根絶のために、どのようなことに取り組むべきですか。

◇ 回答にあたってのポイント

1. 社会問題化しているパワハラ
2. 消防でのパワハラの実態
3. パワハラ根絶への具体的な取組み

〔 面接例① 〕

Q1 パワハラが社会問題として取り上げられていますが、あなたはどのように感じていますか。

　職場や学校での上下関係などに基づいて、過度に威圧的な言動で心身を傷付け、場合によっては自殺に追い込んでしまうケースが報道されています。悲惨な出来事で、あってはならないことです。消防も、無縁ではないと思います。

Q2 当消防本部では、どのような実態だと思いますか。

　私の知る限りでは、従来のような粗暴な言動による訓練指導などはなくなってきていると思います。しかし、一部の職員間では、意欲を引き出そうとするためとして、「できないのなら、辞めてしまえ」などの人格を否定するような言葉による指導が残っているのではないかと危惧します。

Q3 どのようにしたらパワハラを根絶できるでしょうか。

　訓練では怒鳴るもの、と認識している職員が多い現状です。全職員が、そうした訓練は非効率的であり、かつ人格を否定された職員は大きなダメージを受けることを知るべきです。万が一、当本部内で不測の事態が起きれば、消防への信頼は大きく失墜します。集合研修は元

より、各職場や訓練場で、怒らない、分かりやすい説明をするなどの具体的な訓練指導方法を普及させ、啓発することが不可欠だと思います。

〔 **面接例②** 〕

Q1　パワハラは社会問題化していますが、当本部内での実態をどのように感じていますか。

　以前に比べればはるかに少なくなっているとは思いますが、一部の訓練指導などにおいて、人格を否定するような粗暴な言動で叱責する実態は残っていると思います。パワハラがあってはならことを職員は知っていますので、表面化せずに目立たないよう行われている恐れがあります。

Q2　何故、パワハラはなくならないのでしょうか。

　企業や教育機関でパワハラが問題になると、パワハラを行った側は、必要な指導だった、彼や彼女のためになると思ったなどと、正当化しようとします。しかし、私は、彼らの本音は、指導に名を借りて優越的な立場に君臨したいだけではないかと思います。表面的な理由を論じるのではなく、その自己満足を組織として否定しないと、パワハラは撲滅できないと思います。

Q3　具体的な根絶のための方策は何でしょうか。

　パワハラがあれば、多くの職員の心身が傷付き、組織全体の活力も失われてしまいます。また、万が一職員の自殺でもあれば、その遺族の苦悩は計り知れず、消防の社会的信用は失墜します。職場研修や実戦的な教育技法の普及などが不可欠ですし、職場内外にパワハラを通報、相談できる仕組みの構築も求められていると思います。

> 「消防の教育訓練においてはある程度のパワハラが許容される」との議論もあるが、職務を通じて職員の心身を傷付ける言動が許されてはならない。回答では、訓練指導を工夫して、パワハラによらずに精強な部隊をつくる積極的な姿勢などが求められる。

◇ 面接官の質問

⑨ 消防にDXを推進しようとしたらどのような分野で活用できると
　思いますか。

◇ 回答にあたってのポイント

1. 消防庁の検討状況
2. 導入に期待する分野
3. それに対する自己の取組み

〔 面接例① 〕

Q1　消防分野へのDXの導入について、どのように思いますか。

　総務省消防庁では、消防分野へのデジタル・トランスフォーメー
ションの導入が検討されています。例えば、救急現場でのマイナンバー
カードの診療情報活用などは、数年前まで考え付かなかったことです。
消防も、DXを積極的に順次導入すべきだと思います。

Q2　あなたは、どのようなDXの活用を期待しますか。

　例えば、消防法に基づく法七同意では、これまでは申請書や建築図
面を、建築行政庁が市役所の交換便などで消防に配送し、同意処理後
はまた同様にして消防は建築行政庁に返送していました。しかし、こ
れが電子的に行われれば、紛失事故を防止し、時間の無駄をなくすこ
とができます。一部の大都市では既に導入が進められていることであ
り、ぜひ当市、当消防本部でも早期の実現が望まれます。

**Q3　こうしたDXの導入に対して、あなた自身が取り組むことはあ
　りますか。**

　まず、DXには思いがけない活用場面があるので、消防に限らず社
会全体でどのような導入が進んでいるのか、報道などに関心を持ちま
す。また、デジタル技術に慣れ親しむ生活を心掛けます。デジタルへ

の食わず嫌いが、意外と導入の障壁になっているように思うからです。

〔 面接例② 〕

Q1　消防分野へのDXの導入について、どのように思いますか。

　国を挙げて、デジタル・トランスフォーメーションの導入が検討され、一部では実現しつつあります。ドローンを活用した橋梁の点検が始まっているように、消防分野でも、危険物施設の点検に活用できないかなどが検討されています。

Q2　あなたは、どのようなDXの活用を期待しますか。

　消火技術の訓練において、VRを活用した現場映像などを体験させることがぜひ必要だと考えます。年々火災件数が減少する中で、若手職員は実際の火災現場を知らずに訓練をしています。フラッシュオーバーや床抜けなどの安全管理上重大な現象を体感することで、なぜ活動マニュアルを厳守しなければならないのか、理解できると思います。

Q3　こうしたDXの導入に対して、あなた自身が取り組むことはありますか。

　活動マニュアル制定の背景を知ることは、心から本気で訓練に取り組む動機付けになります。既に消防庁でVR教材が開発され、県の消防学校や大都市消防本部では利用していると聞いています。私は、当本部でもこれらの活用が図れるように、関係機関と折衝したいと思います。また、技術は日進月歩です。さらに効果的な教材が開発されるかもしれませんので、そうした動向にも関心を持ちたいと思います。

　DXとは何かを知っていることを面接官に示すために、あえて一問目でデジタル・トランスフォーメーションと回答している。
　なお、「DX導入に際して消防本部内に障壁はあるか」との質問があり得る。デジタルに不慣れな職員が多い、現状のままでも仕事になっているなどの例を挙げて、打開する方策を述べる必要がある。

◇ 面接官の質問

⑩ 地元消防団との連携について、日常の活動で留意すべきことは何ですか。

◇ 回答にあたってのポイント

1. 消防団の位置付け
2. 常備消防との連携活動
3. 連携の強化方策

〔 面接例① 〕

Q1　消防団と連携して活動したことはありますか。

　住宅火災に出動した際に、逃げ遅れた要救助者がこの建物のどの部屋で普段就寝しているのか、情報提供いただいたことがあります。そのお陰で、救助活動を迅速に行うことができました。消防団は、さすがに地元密着だと思いました。

Q2　消防団員と接する際に、留意していることは何かありますか。

　若干の報酬があるとはいえ、本業の傍らで地域の安全、安心のために時間と労力を提供してくださっている方々ですので、敬意を持って接することが大切です。災害現場に消防団が出動しているときには、私は必ず、感謝と御礼の言葉掛けをするようにしています。

Q3　より一層、消防団との連携を深めるために、どのような取組みをすべきでしょうか。

　消防団を、我々常備消防の下位の存在だと思っている職員がいます。しかし、双方とも消防組織法で設置され、互いに協働すべき機関です。消防団に対する消防職員の理解を深めるためには、消防団の訓練の姿を見て、どのような装備や活動能力を有しているのかを知るべきです。また、訓練や行事に消防職員も参加するなど、その実力と地元への熱

意を消防職員が認識する機会を設けるべきだと思います。

【　面接例②　】

Q1　消防団との連携で、留意すべきだと思うことは何ですか。

　私は、消防団員とともに消火活動をしたことがありますが、安全管理面で不安を感じました。放水活動中に、炎上していて崩壊しかねない壁に団員が接近しましたので、慌ててその行動を制限したことがあります。常備消防とは個人装備品や活動能力が異なりますので、安全への配慮が欠かせないと思います。

Q2　消防団の存在が負担だったということでしょうか

　決してそうではありません。消防団は、地元愛に満ちて防災活動に従事してくださいます。火災現場では頼りになる我々への支援組織ですし、大震災ともなれば不足する消防力を唯一補完する機関です。しかし、消防団は常備消防ほどには安全管理教育を受けていませんので、危険な現場では我々がその安全に十分配慮する必要があると思います。

Q3　日頃から消防団と取り組めることは、何かありますか。

　ぜひ、我々消防隊と消防団との連携訓練を行いたいと思います。従来、常備消防と消防団は別個に訓練をしていて、合同で訓練を行うことがありませんでした。合同で訓練をすることで、互いに活動能力を把握し、現場活動で円滑に協力し合えるものと思います。また、消防団員は、安全管理上の危険要因についても認識できることでしょう。こうした訓練は、必ず現場活動に反映されるものと期待いたします。

　一般に、消防本部では上位職になるにつれて消防団関連の業務が多くなるので、面接官は消防団の重要性を深く認識している。受験者は、それに対応できることを示す必要がある。

　なお、国内には消防団のない地域もあるが、自治会の手引きポンプ消火隊などに置き換えて、この質問を想定すべきである。

◇ 面接官の質問

⑪ あなたの目指す上位職像はどのようなものですか。

◇ 回答にあたってのポイント

1. 部下から信頼される上位職
2. 組織目標を達成できる上位職
3. 幹部や同僚から支持される上位職

[面接例]

Q1 あなたはどのような上位職になりたいですか。

　私は、部下から信頼され、幹部や同僚からも頼られる存在でありたいです。

Q2 どうすれば部下から信頼されると思いますか。

　部下全員と公平に接して、決して人によって分け隔てしないことが大切です。また、一方的に私が指図するのではなく、部下の意見をよく聞いて、その能力を最大限に引き出したいと思います。しかし、部下の考えが組織の方針に反する場合には、毅然とその誤りを指摘して、是正を指導します。知識、技術面では、私は救助出身ですので、消防活動技術において部下から一目置かれるだけの指導ができると思います。

Q3 どのようにしたら、あなたは上司や同僚から頼られるでしょうか。

　上司とは積極的に意思疎通を図り、その意向を十分把握することが大切です。この場面で、あの上司ならこう考えるはずだと分かる存在でありたいです。同僚とも、情報の共有や意見交換をして、不得手な分野を互いにサポートできる関係を築きたいです。私が周囲に親しみを込めて接し、気楽に話し掛けてもらえるように心掛けます。

> 素晴らしいと感じた上司を思い浮かべると、回答しやすくなる。また、反面教師だった上司のタイプも、回答に使いやすい。

◇ 面接官の質問

12 あなたが指揮者になっている災害現場で、市民からクレームがあった場合、どのようなことに気をつけて対応しますか。

◇ 回答にあたってのポイント

1. どのような要望なのか把握する。

2. 途中で相手の主張を遮らない。

3. 受け入れるべき要望かどうか、冷静に判断する。

〔 面接例 〕

Q1　災害現場では、市民から消防活動に関してクレームが入ることがあります。指揮者として、あなたはどのように対応しますか。

　緊急を要する現場活動を優先しますが、クレームの内容に応じて担当者を指定し、あるいは私自身が直接市民に対応します。クレームは一時の感情が背景にありますので、相手の言い分を遮らずに聴取するのが基本です。その後に、受け入れるべき要望かどうかを判断します。

Q2　災害現場でのクレームには、どのようなものがありますか。

　真っ先に自己の建物に放水して欲しい、家の車庫前に消防車が停車していて自家用車を出せないなど、千差万別です。市民側の言い分も分かりますが、適正な消防活動に付随するものですので、説明をした上でご理解いただくよう努めます。

Q3　市民から、議員に言い付けるなどと言われたらどうしますか。

　現場からスマホなどで、管理者に状況の報告を行います。しかし、適正な消防活動に基づくものであれば、市民の要望といえども従うことはできません。万が一、当方に落ち度があり得る場合には、記録を正確に残すように努め、後に担当部課と情報共有を行います。

現場でのクレーム対応も、日頃の広聴処理と基本は同じである。

◆ 面接官の質問

⑬ ワークライフバランスのため、個人で取り組んでいることはありますか。

◆ 回答にあたってのポイント

1. ワークライフバランス（ＷＬＢ）とは
2. ＷＬＢに対する自己の認識
3. 職場全体での取組み

［ 面接例 ］

Q1　あなたは、ワークライフバランスに取り組んでいますか。

　私に子どもが生まれたときに、妻だけではなく私も短期間でしたが育児休暇を取得しました。当本部で男性職員の育児休暇は珍しいと言われましたが、実際にやってみて乳児を育てる苦労がよく分かりました。個人の生活と仕事の融和は、とても大切なことだと実感しました。

Q2　仕事と私生活の好循環とは、どのようなことだと思いますか。

　仕事を制限して私生活だけに重点を置くのではなく、また育児や介護をしながら綱渡りで仕事を続けるのでもなく、仕事と私生活がともに充実して、双方に好影響を与えるようなイメージです。例えば、子どもの保育園への通園を私がすることで、子どもと過ごす幸福感があり、また福祉系の施設の具体的な姿が分かって、警防や予防の業務に活かせています。

Q3　周囲の職員への波及効果がありそうですね。

　育児に限らず、介護などに悩む職員は多いと思います。女性職員も増えています。もはや消防は、若手男性中心の職場ではありません。私は、周囲にもワークライフバランスを勧めたいと考えています。

ワークライフバランスは、職務意欲向上と優秀な人材の確保につながる。

◇ 面接官の質問

⑭ 前例踏襲主義が蔓延している職場を変えるために、リーダーとしてどのように取り組みますか。

◇ 回答にあたってのポイント

1. 居心地のいい前例踏襲職場
2. 社会の変化への対応の重要性
3. 変革に向けた意識付けと指導力

面接編

〔 面接例 〕

Q1 職場の前例踏襲主義に困った経験はありますか。

　私は広報紙の編集を担当したことがあり、日本語表記だけではなく、外国語も併記しようと提案しました。しかし、前例がないと言って同僚は否定的で、上司も積極的ではありませんでした。賛同を得ると思っていた私には、思いがけない反応でした。

Q2 どのように対処したのですか。

　当市の市長部局や他の消防本部では、広報紙は外国語併記が一般的になっていて、当本部が相当遅れていることを示しました。そして、外国語アプリなどを活用し、あるいは他の消防本部の作成例を参考にすれば、決して外国語の表記は難しくないことを分かっていただきました。今は、当本部の広報紙に、英語や中国語などが併記されています。

Q3 何故、前例踏襲主義はなくならないと思いますか。

　今まで通りの仕事で済めば、楽で居心地がいいからだと思います。これを打破するためには、外国人居住者の増加のような社会の変化を常に意識し、それに対応しなければ消防行政が成り立たないことを職場内で共有する必要があります。

> 果敢に、前例踏襲主義から脱却する決意や指導力をアピールする。

◇ 面接官の質問

⑮ 部下が年上であった場合、どのようなことに気をつけて指示しますか。

◇ 回答にあたってのポイント

1. 年長者への配慮
2. 毅然とした対応
3. 年長者の経験の活用

〔 **面接例** 〕

Q1　年上の部下への指示に際して、配慮することはありますか。

　年長者には、これまで経験を積んできたプライドがあります。かつて隊長から呼び捨てにされていた、隊長よりも年長の同僚が、隊長から見下されているようで悔しいと涙を浮かべていました。私が年長者の上司になれば、言葉遣いなどで年下の部下とは異なる配慮をします。現場活動や訓練では「○○士長」のように階級を付し、日常的には「さん」付けで呼びたいと思います。

Q2　年長とはいえ、部下に迎合することになりませんか。

　言葉遣いに配慮するのは、人格を尊重するためであって、決して指揮命令をしないということではありません。明確に業務上の指示をしますし、誤った言動があれば指導し是正を求めます。部下が年長であっても、筋を通すのは、上司が行わなければならない職務だからです。

Q3　ほかに、年長の部下に関して配慮することはありますか。

　年長の部下の経験に基づく技術や知見を、ぜひ若手に伝授してもらいたいと思います。訓練後の検討会で過去の災害事例を聞き、また活動マニュアルにはないテクニックがあれば部隊内で共有するなどです。

　若手の受験者には、高い頻度でこのような質問がなされる。

◇ 面接官の質問

⑯ 異性の職員を育成する場合、配慮が必要なことは何ですか。

◇ 回答にあたってのポイント

1. 性差への配慮

2. 無意識のセクハラ

3. 男女共同参画

〔 面接例 〕

Q1　あなたは、異性の職員をどのように育成しますか。

　基本的には、男女ともその個人の能力と意欲に応じて職務を担当すべきです。しかし、現実には予防のように女性が働きやすい分野がありますし、本人が希望分野として救急などを選ぶ場合もあるでしょう。それに応じて自己啓発を促し、教育、指導を行いたいと思います。

Q2　異性職員の育成で配慮しなければならないことはありますか。

　特に上司が男性で部下が女性の場合には、全く無意識であっても、上司の言動がセクハラと捉えられてしまうことがあります。容姿や体型などを必然性なく話題にすれば、親しみを込めたつもりでも、相手には不快となります。男性職場だった消防は、こうした感覚が鈍いです。私の言動が後輩職員にとってセクハラとならないように、十分配慮したいと思います。もちろん、職務に必要な能力を育成することは妥協しません。

Q3　後輩の異性職員を、どのように成長させたいと思いますか。

　今後益々、消防は女性の採用を拡大するようになります。男女共同参画が国の方針になっているように、性差による制約があってはなりません。性別にかかわらず、自己の能力を高め、消防の各分野に、果敢に挑戦して欲しいです。

　ここでは、男性受験者と女性の部下を想定しているが、その逆のケースの質問もあり得る。

✧ 面接官の質問

⑰ 部下から、上司であるあなたからパワハラを受けたと、突然の申し出がありました。どのように対応しますか。

✧ 回答にあたってのポイント

1. 自己防衛に走らず、真摯に自己の言動を振り返る。
2. 自己に非があれば謝罪と再起を誓う。
3. 隠さずに、顛末を上司に報告する。

〔 面接例 〕

Q1　あなたにパワハラをされたと部下から申し出があった場合、あなたはどのように対処しますか。

　頭ごなしに否定して、自己防衛に走ることはしません。私が意識していないことでも、その部下は私の行為によって傷付いていたのかもしれません。部下の申し出を全て聞いて、思い当たることがないか、真摯に自己の言動を振り返りたいと思います。その上で、対処を考えます。

Q2　もしも、あなたの行為がパワハラにあたった場合にはどうしますか。

　考えられることとして、私は不愉快なことがあるとそれが表情に出やすく、また相手を理詰めで追い詰めることがあります。いずれにしても、私の言動がパワハラと受け取られたのであれば、部下に謝罪し、その心を慰めたいと思います。また、これを教訓に、周囲にストレスを与えるような接し方をしないよう、今後の自分を厳しく戒めます。

Q3　部下とあなただけの問題として処理するのですか。

　パワハラ防止は、消防組織全体の課題です。また、私が部下の申し出を隠蔽したと疑われる恐れもあります。従って、部下の申し出の時点から最終的な顛末まで、適宜上司に報告して指示を仰ぎます。

セクハラなど、問題視され得る言動に敏感になる必要がある。

◇ **面接官の質問**

⑱ 働き方改革という視点で、当消防本部の一番大きな課題は何だと思いますか。

◇ **回答にあたってのポイント**

1. 非番残業が多い実情
2. 長時間勤務を美徳とする風潮
3. 業務の効率化、簡略化

面接編

[**面接例**]

Q1 働き方改革について、当消防本部の最大の課題は何だと思いますか。

　交替制勤務員が係事務を兼ねていることもあり、事務処理のため非番日に超勤をせざるを得ない実情があります。また、週休振替で対応するほどではない小規模な行事は、非番員が担当しています。これらが長時間に及び、健康管理や総超勤時間数で課題になっています。

Q2 こうした背景には何があると思いますか。

　従来の価値観では、長時間勤務は努力の証であり美徳とされていました。また、職員数に余裕がない中で、消防の業務量は増大しつつあります。さらには、今でも決裁手続は上司を回って判子をお願いする対面式で、外部との連絡も電話中心といった実情もあります。

Q3 どうしたら働き方改革を進められるでしょうか。

　対外的な防災指導などに力点を置く一方で、内部の事務処理を極力簡素化する必要があります。電子決済を導入し、外部との連絡ではメールを一層活用すべきだと思います。非番員を動員する各種行事も統合を図るなど、効果的で効率的な執行を検討すべきです。

短時間で大きな成果を上げる労働生産性の向上は、国全体の課題である。

◇ **面接官の質問**

⑲ 不祥事対策について、組織としてどのような取組みが必要ですか。

◇ **回答にあたってのポイント**

1. 不祥事による職場への影響

2. 組織としての不祥事の根絶

3. 各監督員の役割

〔 **面接例** 〕

Q1　消防職員の不祥事には、どのようなものがあると思いますか。

　報道によれば、全国の消防職員の不祥事は、飲酒運転のような私生活上のものや、福祉部局から預かった災害弱者情報を外部に流出させるなど職務上のものも発生しています。これらは、市民を指導する立場ともなる消防職員への信頼を失墜させ、業務運営に多大な支障を生じさせます。

Q2　組織として、どのような不祥事対策が必要でしょうか。

　研修会などを通じて、全職員に対して過去の不祥事事例や業務への影響を繰り返し教育する必要があります。また、インターネットを通じて気付かないうちに犯罪に巻き込まれるような、現代的な留意点も知らせるべきです。さらには、各職場でも、上司から部下に同様の指導を行うことで、不祥事を発生させない認識を定着させなければなりません。

Q3　あなたは、その対策をどのように推進しますか。

　不祥事の防止は、監督員の重要な職務です。部下の特性を把握し、各人に応じた指導をいたします。ことに、無断欠勤・遅刻、金銭的困窮、同僚への乱暴な振る舞いなどを把握した際には、直ちに上司に報告し、組織的な指導と監督を強化したいと考えます。

> 不祥事防止対策は、高い確率で質問されるテーマである。

◇ 面接官の質問

⑳ 女性の消防吏員の活躍推進に向けて、組織として何が必要と考えますか。

◇ 回答にあたってのポイント

1. 拡大されてきた消防での女性吏員の職域
2. 女性が働きやすい職場づくり
3. 少子化と男女共同参画

〔 面接例 〕

Q1 女性の消防吏員の職域拡大について、あなたはどのような意見を持っていますか。

　当初は、女性吏員の仕事は広報や防火管理指導に限られていました。しかし、後に救急など交替制勤務も対象になり、今では大都市本部で何人も署長が誕生しています。男女を一律に捉えるのではなく、各人の能力と意欲に基づいて働くべきというのが、私の基本的な考えです。

Q2 消防組織として、女性吏員の活躍推進のために何が必要ですか。

　女性専用施設の整備は当然です。職場風土でも、絶対にセクハラなどの女性を不快にさせる行為があってはなりません。女性が働きやすい職場とはどのようなものか、多くの女性吏員のいる本部に講師派遣を求めるなど、事前に受け入れ態勢を構築する必要があります。

Q3 今後の女性吏員の登用は、どうなると思いますか。

　少子化で就労人口が将来とも減少する日本で、男性だけで消防組織を支えることはできません。性別によらずその仕事に相応しい職員を登用することは、当然なことです。そのためには、女性吏員の活躍の場として、例えば指令管制業務や総務・人事の業務などにも職域を拡大する必要があります。

> 現時点では女性吏員が従事していない業務を、今後の活躍分野として回答する。

面接編

◇ **面接官の質問**

㉑職員の定年延長や再任用が、消防組織においてどのように影響すると考えますか。

◇ **回答にあたってのポイント**

1. 消防職員の定年延長と再任用制度
2. 定年延長と再任用に適した職務
3. 加齢による衰えと消防業務の遂行

〔 **面接例** 〕

Q1　当本部の定年延長や再任用の制度をご存じですか。

　定年延長は順次65歳まで定年を延長するものです。再任用制度は、身分を切り替えて雇用され、フルタイム勤務と短時間勤務があります。どちらも、職員定数に含まれます。担当職務は、能力により災害活動もありますが、予防や防災、総務などの住民指導と事務仕事が中心です。

Q2　定年延長などが、消防組織に及ぼす影響は何ですか。

　加齢による心身の衰えは避けられませんので、その方の能力や経歴に応じた職務を割り振る必要があります。また、職員定数に占める60歳以降の職員の比率が過度に高まると、特別救助隊などの若手中心の部隊を組みにくくなります。

Q3　各職員が、将来に向けて備えておくことは何でしょうか。

　60歳を迎える頃に、警防業務しか行えない職員であっては話になりません。常に健康を維持し、現在は警防隊員であっても予防や事務作業に知見を広げておくなど、広範囲の消防業務を担当できるようにしておくことが必要です。それには、中堅職員を対象にした職場研修や自己研鑽が求められると考えます。

　自分もいつか、延長された定年を迎えるという視点が必要である。

◇ **面接官の質問**

㉒ 地域の人口減少や高齢化により、今後の消防業務にどのような影響があると思いますか。

◇ **回答にあたってのポイント**

1. 同時に進行する人口減少と高齢化
2. 救急や防災対策への影響
3. 消防団や防災市民組織の体制維持

〔 **面接例** 〕

Q1　地域の人口減少や高齢化による、消防への影響は何ですか。

　我が国の人口減少と高齢化は、同時にかつ急激に進行すると言われています。救急要請は今後も増大し続けるでしょうし、火災時や震災時の避難についても、自力では困難な方が一層多くなるでしょう。消防行政需要は、年々増大すると思います。

Q2　地域社会の防災体制は、どうなるでしょうか。

　消防団や防災市民組織は高齢化し、要員の確保ができなくなりつつあります。その傾向は、今後益々強まると思います。我々常備消防も例外ではありません。このままやり過ごしていては、社会全体の防災力が低下してしまうかもしれません。

Q3　何か提案はありますか。

　本部内で需要に応じて人員を配置する、消防だけではなく関係機関と連携して防災対策を進める、高齢化した消防団員などでも活動しやすい資機材の導入を模索する、などが考えられます。また、組織編成を臨機応変に行うことになりますので、職員は、消火、救急、予防などどの分野でも対応できるようになっている必要があると思います。

| 人口減少下での高齢化は、今後より一層大きく注目されよう。 |

◇ 面接官の質問

㉓ 近年、全国的に訓練時による消防吏員の受傷事故が多く発生しています。安全管理の取組みについて実施していることはありますか。

◇ 回答にあたってのポイント

1. 消防業務での安全管理の重要性
2. 安全管理上の遵守事項
3. 監督者としての取組み

〔 面接例 〕

Q1　訓練時の事故の発生について、どのように思いますか。

　今日、全国で、災害や訓練で受傷事故が発生しています。殉職事案もあります。消防庁から何度も通知が発出されましたが、解消しません。ことに、思いがけない状況変化のある実災害とは異なり、訓練は予め定めた状況下での実施ですから、事故があってはなりません。

Q2　当本部の安全管理規程の内容を知っていますか。

　安全管理上の遵守事項が、災害種別や訓練の場面に応じて定められています。私が訓練をする際には、関連する遵守事項を隊員全員で事前に確認しています。ことに、炎上中の部屋への進入要領や空気呼吸器の残量管理などは、絶対に反する行動をしないよう徹底しています。

Q3　より安全管理を推進するために、どうしたらいいでしょうか。

　隊員の災害経験が少なくなっている現在、過去の殉職や受傷事例に学ぶことが大切です。それによって、災害や訓練に潜む危険要因に気付けるようになります。また、遵守事項が定められた背景に過去の事故があることを知ることで、隊員の安全に対する意識が格段に高まると考えます。

管理監督者には、部下の家族を「遺族」にしない重責がある。

◇ 面接官の質問

㉔ 消防法違反の防火対象物に対して、当本部では違反是正が進んでいません。どのように取り組めばよいと思いますか。

◇ 回答にあたってのポイント

1. 違反是正の困難さ
2. 命令や告発に踏み込めるだけの能力
3. 高度な知識、技術を有する職員の養成

面接編

【 面接例 】

Q1　当本部で違反是正が進まないのは、なぜだと思いますか。

　消防庁から全国の消防本部に対して、命令や告発などの法的な権限を行使して違反是正を推進するよう通知が発出されています。しかし、法的権限の行使には訴訟リスクがあることなどから、当本部の職員では、そこまで踏み込むのをためらってしまうのが現状ではないかと思います。

Q2　職員には、どのような能力が必要でしょうか。

　行政指導から命令などに移行する際に、どのような実務的な処理を行えばよいのか、その法的な根拠は何かなどを、十分に理解していなければなりません。また、たとえ相手が法的争訟で対抗しようとする場合でも、心理的にひるまないだけの自信がなければなりません。

Q3　どのように、そうした職員を養成すればいいと思いますか。

　当本部内での検討だけでは、なかなか前に進めません。違反是正事例の蓄積がある大都市消防本部に職員を派遣する、日本消防設備安全センター内の違反是正支援センターに指導を仰ぐ、消防大学校の専科課程で学ばせるなど、実務と理論の両面で高度な職員を育成する必要があると思います。

> 行政指導しかしていない違反対象物で火災が発生し、多数の人的被害が生じれば、消防本部の不作為が厳しく追及されてしまう。

◇ 面接官の質問

25 市民に対する応急手当の普及を推進するために、どのようにすれ
ばよいでしょうか。

◇ 回答にあたってのポイント

1. 応急手当の普及の重要性
2. 本部内の推進体制
3. 講習上の留意事項

面接例

Q1 市民に対する応急手当の普及には、どのような意義があると思
いますか。

　ＣＰＡ事案では、時間の経過に伴い蘇生率が低下します。救急隊は
入電から現着まで10分程度要しますので、バイスタンダーによる心肺
蘇生やＡＥＤの使用が不可欠です。現状では、傷病者がいても周囲の
方は遠巻きに見ていることが多いですので、市民には応急手当をぜひ
習得していただきたいと思います。

Q2 当本部の応急手当の推進体制は、十分でしょうか。

　現在は救急隊員だけが指導員になっており、市民から講習会開催の
要望があっても、人員を遣り繰りできずお断りすることがあります。
消防職員は、誰でも応急手当指導員になれますので、本部内で指導員
をより多く養成して、全ての要望に応じられるようにすべきです。

Q3 講習会で留意すべきことは、何かありますか。

　消防庁から通知されているガイドラインに則して、丁寧に、また専
門用語を濫用せず市民にとって分かりやすいように留意して、講習を
行います。その上で、ショックボタンがなく自動的にショックを与え
る最新型のＡＥＤが販売され始めていることなど、最近の動向につい
ても伝えていきたいと思います。

救急隊員以外にも、救急関連の質問がなされることに留意する。

論 文 編

◈ 論文テーマ

❶ ＡＩの活用

◈ 設問

> 　ＡＩの進展に対して、消防業務や組織はどのように対応していくべきか。これまでの経験を踏まえて、消防司令補の立場であなたの考えを述べなさい。

◈ 設問のポイント

① ＡＩとは何か

② ＡＩの有用性と留意点

③ 社会的動向

④ 自己の経験を踏まえた消防機関での活用場面

⑤ 消防司令補としての進取の取組み

　論文例

　ＡＩ（人工知能）の開発が大きく進んでいる。ＡＩは、与えられた課題に対して即座に解答が得られ導入効果に期待がある反面、その正確性は発展途上であり安易な活用は危険であるとの指摘も多い。

　私が消防司令補として各種業務を進める中でＡＩの活用を図るとすれば、以下のポイントを踏まえた上でその導入を検討したい。

１．社会的動向への関心

　ＡＩの脆弱性を克服しつつ、業務内容に応じて積極的に導入を図ろうとする企業の動向などが報じられている。行政分野でも、活用場面

を限定しつつも、業務の効率化に積極的にＡＩを導入する動きがある。消防組織において業務にＡＩを導入するには、こうした社会全体の動向を踏まえて検討を進める必要がある。

２．私の経験から考える活用場面

　私はかつて消防署の広報誌の作成に携わったことがある。法令用語や専門用語が多用される消防行政を、市民に分かりやすく伝えることは簡単ではなかった。こうした業務を遂行する上で、まずＡＩで作成された文書を素案にして、広く理解されやすい文章の作成を行うことは現時点でも可能であると考える。また、消防組織内の起案文書や報告書には、パターン化され類似の内容を記載するものが多くある。これらについても、ＡＩを比較的導入しやすいものと思われる。

３．導入に備えた自己研鑽

　現時点でＡＩにより作成された文書を消防機関がそのまま利用すれば、多くの市民が正確さなどの面から不安を感じる恐れがある。しかし、ＡＩをはじめとする各種業務のＩＴ化は日進月歩であり、近い将来ＡＩが消防業務の各種場面で導入されることを現在から想定しておく必要がある。私はＡＩに常に関心を持って情報収集に努めるとともに、その導入が消防組織で図られた際には中核的な役割を果たせるようにＡＩの活用技術などを研鑽しておきたい。それは消防業務の効率化と、上司の補佐、部下指導にもつながるものである。

　対面だけであった消防機関への届出に現在では電子申請が導入されたように、変化に対応できなければ消防組織は社会から取り残されてしまう。組織の要である消防司令補として、私は進取の精神を常に持ち、かつ信頼性の高い安定的な消防行政の推進に寄与していきたい。

（992字）

論文編

◈ 論文テーマ

❷ DXの推進

◈ 設問

消防防災分野におけるDXの推進について、あなた自身が期待している効果はどのようなものか。消防司令補の立場で、あなたの考えを述べなさい。

◈ 設問のポイント

① 日本社会でのDXの推進

② 消防分野での検討状況

③ 私の期待する導入効果

④ 導入を拒む風潮と打開策

━━

論文例

　我が国では、デジタル・トランスフォーメーションすなわちDXの導入が政府を挙げて進められている。橋梁の異常箇所の発見や点検にドローンを活用するなどは、その一例である。消防も例外ではなく、デジタル技術の導入が重要な課題になっている。

1．消防分野での検討状況

　消防分野では、以下などが検討され、一部は導入されつつある。

・救急現場で傷病者のマイナンバーカードを活用して、医療情報の把握や搬送先医療機関の選定を行う。

・市民が、消防法令に基づく届出などの手続きを電子申請で行う。

・データ通信により、画像なども付加した119番通報を受信する。

・消防学校などが、ＶＲを活用した訓練教材の共有サイトを利用する。

２．私が特に期待する導入効果

　上記は全て早期導入を期待するものであるが、特に電子申請は市民の利便性向上に多大な効果があると考える。消防法令で義務付けられた届出を、さらに平日の日中に持参するのは大きな負担であろうと思われる。また、警防分野の教育訓練へのＶＲ導入は、災害現場を実感する上で計り知れない効果がある。殉職を防ぐためにフラッシュオーバーなどの教育は不可欠だが、訓練の度に再現するのは困難である。火点室にはホース線と同時に進入などの活動マニュアルが制定された背景を知らせる、つまり「何故そうなのか」を教えることは、訓練に納得感を与え、積極的に取り組む動機付けになる。

３．ＤＸ導入を阻む風潮と打開策

　こうしたＤＸの導入に対しては、職員が電子化に馴染んでいない、今のままでも特に支障がないなど、現状変更を好まない消防組織内の風潮があるのも事実である。しかし、小学生がタブレットで学習する現代社会において、こうした旧態依然の発想では社会の進展から大きく遅れ、市民の信頼を失ってしまう。まず、どれだけ業務が効率化、簡素化されるのか、また決してＤＸの操作は難しくないことなどを具体的に示して、組織内の理解を醸成する必要がある。最終的には、消防長以下の幹部職員の指導力で、ＤＸ導入が図られるべきだと考える。

　消防司令補は、部隊や係の業務を中心になって推進する立場である。私は果敢にＤＸ導入に挑戦する消防司令補でありたいと決意している。

（992字）

❸ 新型感染症への対応

◈ 設問

> 新型コロナウイルス感染症への対応の経験は、消防にどのような
> 課題を残したと思いますか。これまでの経験を踏まえて、消防士長
> の立場であなたの考えを述べなさい。

◈ 設問のポイント

① 新型コロナウイルスの特徴

② 職場内での感染、家庭での感染

③ 救急業務での課題

④ 警防業務、予防業務での課題

⑤ 将来の新たな感染症への対策

論文例

　新型コロナウイルスは５類に分類され、感染拡大抑止や社会的混乱
の回避が困難だった時期は過ぎ去った。しかし、決して終わった出来
事ではなく、消防機関に多くの課題を残した。特に、強力な感染力に
より多くの職員が感染してしまうことによる消防力の低下、救急をは
じめとする各種消防業務の遂行のあり方などに多くの教訓があった。

１．職員の感染による消防力の低下

　ポンプ隊や救急隊は隊員と車両で構成され、一定の資格や技能のあ
る消防職員の確保が不可欠である。予防業務でも、予防技術検定合格

者の確保など事情は同様である。しかし、新型コロナでは、消防署内での集団感染や、家族の感染により濃厚接触者となった職員が出勤できないなど、人員の面から警防力を確保できない事態が発生した。

２．救急業務などの円滑な遂行に課題

救急業務では傷病者を医療機関に搬送しなければならないが、新型コロナの流行期にはベッド満床、処置困難などを理由とする搬送困難事案が多発した。保健所や地元医師会との連携などの打開策は必ずしも機能せず、長時間に及ぶ救急隊による医療機関選定が繰り返された。また、私はポンプ車の隊員であったが、日常の訓練では不織布マスクの着用が義務付けられ、大声を出すこともできず訓練としては不十分となった。さらに、立入検査は人との接触を避けるために休止状態となり、年間計画の査察件数を到底執行できなかった。

３．この体験から学ぶべきこと

今後も新たな感染症の流行があるかもしれない。交替制のサイクルを変更しての人員確保、仮眠室でのパーテーション設置、食堂利用の分散化など消防機関で講じられた各種の対策は、将来に引き継がれるべきである。また、救急搬送困難事案の打開などについては、事前の関係機関との体制構築が必要である。日常通りの訓練や予防業務を執行できないときに、どのように消防業務の質の低下を防ぐかも、今後検討を続けるべき課題である。

消防士長には若手職員への指導とともに、隊長や主任の意向を受けて隊や係を取りまとめる重要な役割がある。感染症対策についての消防組織の今後の方針に注視しつつ、私は自らの職責を全うしていく。

（992字）

❹ 安全管理

◈ **設問**

> 　大規模災害や事故の現場での活動は、職員の安全管理に対する強い意識と行動が求められます。安全に消防業務を遂行する上で心掛けなければならないことは何か。これまでの経験を踏まえて、消防司令補の立場であなたの考えを述べなさい。

◈ **設問のポイント**

① 安全管理の重要性

② 過去の殉職事故と業務への影響

③ 安全管理を徹底する方策

④ 安全管理への日常の取組み

───

論文例

　初任教養の訓練で教官から、「助ける人が助けを求めて、どうするのだ」と言われたことがある。現場活動や訓練中の受傷事故はほかの隊員にも大きな負担となり、殉職事故となれば消防本部の法的な責任すら生じてくる。社会も、消防を危険な職場だと不安視してしまう。

1．過去の殉職事故と業務への影響

　全国の消防本部で安全管理の徹底が指示されているが、根絶できていない。残念なことに、全国で、過去に、現場活動中や訓練中の殉職事故が発生している。職場の仲間を失う衝撃は計り知れず、本部内は

安全への不安で意気消沈する。しかし、指令があれば気持ちを奮い立たせて出動しなければならない。また、ご遺族や捜査機関への対応などの、普段にはない業務を重い気持ちの中で行わなければならない。

２．安全管理を徹底する方策

　殉職事故の発生要因には、「延焼拡大や建物崩壊などの急激な状況変化が起きた」「単独行動であった」「ホース線を伴わないで内部侵入した」といったものがある。その対策としては、地道に訓練を重ねて、隊長の管理下での一体的な活動を図り、放水隊形の確保や空気呼吸器の扱いなどの基本動作を徹底する必要がある。また、フラッシュオーバーや壁の倒壊の前兆とされる現象に、常時留意することも必要である。最近では、「図上訓練で現場の状況と自己の活動のイメージトレーニングをする」「ホットトレーニング施設でよりリアルな濃煙熱気体験をする」などの方策も導入されている。

論文編

３．安全管理への日常の取組み

　安全管理の基本は、まず自己の安全確保であるが、指定された訓練計画を単調に遂行するだけでは、現場で実現できない。私は新人消防士の頃、濃煙のアパート２階に進入しようとした際に、床抜けに気付いた隊長が命綱を引いてくださったお陰で助かった経験がある。隊長以下各隊員の警防面の技能や経験は様々であり、各隊はこれを考慮した訓練を毎当番繰り返す必要がある。木造密集地域があるなどの管内特性も、訓練想定に反映させるべきである。「本番は訓練のように、訓練は本番のように」は、尊敬する先輩から言われた言葉である。

　消防司令補は部下を預かる隊長として、安全管理の責任者でもある。私は、この職責を果たして精強な消防隊を育成してまいりたい。

（992字）

🄳 国際化

国際化時代に対応した消防業務のあり方について、消防司令の立場からあなたの考えを述べなさい。

◈ **設問のポイント**

① 国際化の進展

② 消防広報の外国語対応

③ 外国人からの119番通報や傷病者が外国人の救急現場

④ 海外の消防機関との交流

論文例

　国の統計では、現在国内の外国人は約300万人である。ことに当本部管内には外国人労働者が多く、その大半は日本語での意思疎通が困難である。また、コロナ禍後は外国人観光客も多数訪日している。

1．消防広報の国際化対応

　消防では火災予防のリーフレットをはじめとして、紙媒体やSNSを使った広報を行っている。日本語だけでなく、地震のない国からの来訪者を対象とした震災対策の広報など、外国語による情報発信も行うことで、より多くの人に情報を届けることができる。外国人労働者にはアジア出身者が多いので、英語に限らず中国語、韓国語、ベトナム語などでの作成が必要である。また、情報発信だけではなく、外国

人による各種申請や問合せにも対応する必要がある。職員の語学能力の向上と、翻訳アプリの活用などが求められよう。

２．外国人からの119番通報や外国人が傷病者となった救急現場

　日本語の話せない外国人が119番通報をすることもあれば、救急現場の外国人傷病者に日本語が通じないこともある。日本語を話せる方が常にその場にいるものではなく、外国語に堪能な消防職員も限られている。市が契約している翻訳サポート団体を介した通報や、救急現場とその団体をスマートホンでつなぐことによる症状の聴取などの導入を早期に図る必要がある。また、警防隊も、外国語で避難の呼び掛けなどを行えるようにしておく必要がある。

３．海外の消防機関との交流

　全国消防長会はアジア消防長会に加入し、定期的に総会などの国際交流を図っている。国内で会議などが開催される際には、当本部の消防長も会員として参画している。海外他都市との情報交換は貴重であり、例えば救急隊の支援としてポンプ隊を同時に出動させるＰＡ連携は、アメリカでの先行事例を参考に国内大都市に導入され、全国に広がったと聞いている。また、外国人観光客が消防署を見学することもあり、国際交流は日常的な風景になっている。

　国内の外国人は将来、人口の10％程度になると言われている。組織運営を図る幹部職員たる消防司令として、私は国際化に注視し、行政施策に反映させる決意である。また、簡単な会話程度のできる語学力を身に付け、臆することなく外国人と意思疎通できる職員でありたい。

（992字）

🄶 接遇と個人情報管理

◈ **設問**

> 　災害救助活動や救急業務などでの住民に対する接遇や個人情報の扱いについて、どのような点に留意すべきか。これまでの経験を踏まえて、消防士長の立場であなたの考えを述べなさい。

◈ **設問のポイント**

① 消防業務における接遇、個人情報管理

② 接遇の重要性

③ 個人情報漏洩の重大性

④ 良識ある職員の育成

論文例

　消火や救助の現場での要救助者情報の収集、救急活動での主訴や既往症の聴取など、消防業務では市民と会話し、個人情報などを収集する機会が多々ある。その際は当然、市民を不安・不快にさせない会話を心掛け、入手した情報を適正に管理することが求められる。

1．接遇の重要性

　緊急を要する現場活動では、隊員同士に限らず市民に対しても穏やかな言動が難しくなる。しかし私は、同僚がホースカー曳航中に「じじい、どけ」と叫ぶのを聞いたことがある。余りに粗暴な言動は市民の反感を買い、情報提供などの協力を失うことになる。救急活動でも、

例えば傷病者観察に際して「骨折などがないか確認します」などと声を掛けて、いきなり体に触れないようにする配慮が欠かせない。このように、災害現場活動においても、各場面に応じた接遇が求められる。

2．個人情報漏洩の重大性

　消防機関には、警防、救急、予防などの業務を通じて膨大な情報が集積されている。かつて近隣消防本部で、救急隊員が著名人を搬送し、特異事案として医療機関から上司に電話連絡したところ、その近くの人に聞こえてしまいSNSに書き込まれる事案があった。このように思わぬところから漏洩事故は起きてしまう。その結果、批判的に報道されることとなれば、市民が消防機関の利用をためらうことにもなりかねない。また、その後の消防業務にも多大な支障が生じてしまう。

3．良識ある職員の育成

　適切な接遇と情報管理を徹底するためには、まず過去の問題事例などについて、研修会などの場で学ぶことが不可欠である。しかし、観念的な接遇や情報管理の知識取得だけでは、日常の業務に反映できるとは限らない。粗暴な言動をしない、あるいは慎重に個人情報を扱うには、社会が消防職員に期待する良識が土台になる。ホースカー曳航時に「失礼します」と言える、あるいは個人情報をむやみに喋らない人間性を、職員が自ら身に付けるよう努める必要がある。また、時に粗暴に振る舞い、仕事が雑になってしまう職員に対しては、その上司が本人に自覚させて是正を求める指導をすべきである。

　消防士長は、隊長の意を受けて隊員をまとめるリーダーである。良識ある隊員の育成に向けて、私は努力していきたい。

（992字）

7 超高齢社会

◈ 設問

> 地域社会の高齢化に対応した消防業務はどうあるべきか。これまでの経験を踏まえて、消防司令補の立場であなたの考えを述べなさい。

◈ 設問のポイント

① 日本社会の高齢化

② 防災分野での影響と対策

③ 救急分野での影響と対策

④ 他の様々な分野での影響と対策

論文例

　日本社会は世界で類を見ないほど高齢化が進んでおり、最近も80歳以上の人口が全人口の一割を超えたと報じられた。我が国の高齢化には、多くの高齢者が高齢者だけの家庭か独居で生活、若年層ほど人口が少なく今後一層高齢化が続く、などの特徴がある。

1. 防災分野での影響と対策

　正に私の祖父母がそうだったように、高齢化に伴い、認知症や歩行困難、視力・聴力の低下などは避けられない。こうした高齢者が独居やいわゆる老老介護で生活しているのであれば、例えば火災時の避難行動などは健常者とは全く異なってくる。これまで消防機関は、住警

器の発報で直ちに避難と呼び掛けてきたが、高齢者は住警器の発報に
気付けないことすら危惧される。その対策として、建物外部での鳴動
や近隣住宅でも連動して発報する機種の導入を、市の福祉部局と連携
して促進することなどが必要になってくる。

２．救急分野での影響と対策

　高齢者の増加により特養などへの入居者が増えている。これに伴い、
私の経験として、救急現場では搬送困難事案が目立ってきている。心
肺停止の傷病者は救命センターに搬送するのが原則であるが、高齢者
については医療機関から、救命処置をすることを家族は了解している
のかと確認される。施設が家族に連絡をしても明確な返答がないこと
が多く、救急隊は長時間心臓マッサージをしながら車内で待機する結
果となる。特養などへの入居に際しては、施設から家族に対して心肺
停止の際に看取り、救命のどちらを希望するのか、事前に聴取してお
くよう消防から働き掛けるなどの施策が今後は必要になってくる。

３．他の分野での影響と対策

　これら以外にも、例えば、消防は火災時の避難ではＥＶ禁止で階段
使用と指導しているが、これは高齢者にとって現実的ではない。非常
用ＥＶを消防隊専用と限定せずに、自力避難困難者の避難でも使える
ように防火管理の指針を見直すなど、施策全般について高齢者の増加
に見合った見直しを適宜行う必要がある。

　消防司令補は、消防活動でも係事務でも現場の最前線で仕事をする
立場である。私は、高齢化などの社会の変化に敏感に対応して消防施
策を検討できるよう、なお一層の研鑽をこれからも積んでいきたい。

（992字）

❽ 他機関との連携

◈ **設問**

　今後、地域の課題解決のために消防以外の機関や組織と連携して進める業務が多くなると予想されます。これらの連携、調整において留意すべきことはどのようなことか、これまでの経験を踏まえて、消防司令補の立場であなたの考えを述べなさい。

◈ **設問のポイント**

① 他機関と連携している消防業務と今後の進展

② 消防と他機関との相互理解

③ 連絡会や人事交流などの効用

論文例

　消防機関が行う各種の業務は、消防機関だけで行えるものばかりではなく、他の行政機関などと連携して遂行すべきものが多い。これまでも、例えば救急業務ではＭＣを構成する医療機関をはじめとして医師会や市、県の医療部局との連携を密にしてきた。また、市民の震災対策は、市の防災所管課と適切に任務を調整して行ってきた。

１．多様な行政需要に応じるための関係機関との連携

　社会が複雑多様化し、従来はなかったような消防行政需要が現われている。例えば救急業務では、緊急性がないのに頻回利用する傷病者について、包括支援センターや民生委員と連携して対策を講じる事案

が増加しつつある。また、災害弱者にきめ細かな防災対策を実施するために、福祉や保健所管課が保有する要援護者情報などが共有されている。このように、今後益々消防行政では、他の関係機関と連携、調整を図って業務を推進することが求められると予想される。

2．関係機関との相互理解

消防法違反の告発を担当した際、警察署に受理を拒まれてしまった経験がある。何度も伺って事情を教えていただくと、県警として類似事案を処理したことがなく検察官に直接告発してもらいたいという本音を聞くことができた。そこで、当事案は検察官に告発状を提出し、略式命令となった。このように、消防業務の内容や重要性などを丁寧に説明し理解を得るよう努めても、折衝が進展しないこともある。こうした場合には、消防機関の視点だけで一方的に要求するのではなく、関係機関側の事情を斟酌し共有する姿勢を持たなければならない。

3．連絡会や人事交流による連携強化

関係機関とより一層強固な連携、調整を図るには、定期的に意見交換を行う場を設けることや、関係機関の業務を消防職員が直接担当する人事交流を行うことが望ましい。相互理解が深まり、普段から互いの面識があることは、連携、調整の強化によい影響を与える。なお、意見交換会や人事交流は、消防が積極的に働きかけてこそ実現できる。

消防司令補は実務の中心的な責任者であり、上司を補佐し部下を育成する立場である。私は、関係機関との連携、調整を遂行できるだけの能力を身に付け、また関係機関からも信頼されるだけの人間性を養って、消防業務の推進に寄与してまいりたい。

（992字）

論文編

🈲 消防団

◈ 設問

> 　地域の消防団の教育訓練の課題と今後のあるべき取組みについて、地域の現状を踏まえ、消防司令補の立場であなたの考えを述べなさい。

◈ 設問のポイント

① 消防団の活躍

② 消防団の現状と課題

③ 地域の実情

④ 消防団の活性化方策

【論文例】

　消防団は、大規模震災時の消火、救助などの活躍が大きく注目されている。また、平時でも火災建物に寝たきりの高齢者がいるとの情報を我々消防隊に提供するなど、地元住民ならではの活動を行っている。このように、消防団は、社会の安全に不可欠な防災組織である。

1. 消防団の現状と課題

　年々、全国的に、消防団員の数が減少している。特に若年層が入団を希望しない傾向がある。若手団員を中心にした消防団員の減少は、消防団の活動能力を低下させ、教育訓練の質の低下を招き、地域の防災体制の維持を困難にしている。入団が敬遠される原因として言われ

ているのが、消防団の訓練行事などの多さと、上下関係重視でやや内向きの組織風土である。

２．地域の実情

　当本部の管内は、かつては農業中心の地域であったが、現在では大工場の進出や大型商業施設の開設など、都市化が進んでいる。住民の意識は、地域の共同体を重視するものから、企業に就職して働き、休日は各人が私生活を楽しむものとなっている。従来のように連日夕方から消防団の詰め所に集まり、毎週末のように訓練を行う消防団の活動は、そうした住民には受け入れがたいものとなってきている。一方で、企業や大学からの入団希望者がいるとも聞いている。

３．消防団の活性化方策

　多くの若年層の意識として、地域の防災に協力することに異論はないものと思われる。消防団に入団してもらうためには、これまでのやり方を見直して、行事を本当に必要なものに限定し、また時間が短くても効果の上がる訓練とする必要がある。効果的な訓練のためには、熟練した指導者の育成や、自習できるような教材の作成などが求められる。また、男女間の不平等、幹部団員への過剰な気配りなどがあれば、改善を図るべきであろう。こうした取組みで、消防団が若年層にも魅力的で、私生活に負担がなく参加できるものとなり、やり甲斐を感じられる教育訓練など適切な運営が期待できる。

　消防司令補になれば、火災現場や訓練で消防団員に接する機会が多くなる。協働して社会の安全を守る仲間として、私は消防団の育成強化に尽力したい。

（992字）

論文編

❿ 組織運営

◈ 設問

> 　消防に限らず全ての組織は、めまぐるしく変化する環境に適切に対応することが重要です。従来の組織運営にこだわらず、柔軟に対応できる組織をつくるために何をすべきか。消防司令の立場で、あなたの考えを述べなさい。

◈ 設問のポイント

① 課、係の任務分担

② 不断の組織体制の見直し

③ 緊急あるいは突発的な業務の発生と臨機応変な組織運営

④ 組織運営の当事者としての意識

論文例

　組織が課や係を設けて業務を分担するのは、構成員が責任を持って担任業務を遂行するために必要不可欠なことだからである。しかし、行政需要は日々変化しており、組織体制もこれに応じることが求められる。また、緊急事態や突発的な業務が生じた際に平時の任務分担にとらわれていると、必要とされる業務を推進できなくなってしまう。

１．組織の不断の見直し

　少子高齢化などに応じた行政需要の変化として、例えば、高齢者や障害者の火災時や震災時の避難対策のような防災福祉がある。この課

題は喫緊のものであり、数年前に当本部では担当の係が増設された。また、救急需要増大に伴う救急車適正利用の広報が重要施策となり、当本部内各署では救急広報の担当者が指定された。このように、社会の変化に対応した組織体制の見直しは不断に図られなければならない。

2．緊急事態や突発的な業務と臨機応変な組織運営

　震災などの大災害に限らず、緊急事態や突発的な業務が生じることがある。例えば、火災で多数の死傷者が発生すれば、報道や議会への対応、組織内の緊急対策会議などが直ちに求められる。また、県の消防団操法大会の開催地となれば、膨大な事務局業務が生じる。

　消防機関がこうした事態に対処するためには、組織の臨時的な任務分担の変更や、多忙な部署への人員の配置、平常業務の一時的な休止などが必要になる。それらは消防長以下の強力な指導力により行われるが、各課係は組織一体となって積極的に協力することが求められる。さらに、待ちの姿勢ではなく率先して意見具申することも望まれる。

3．組織運営の当事者としての意識

　組織は限られた人員と予算で、最大の成果を上げなければならない。そのためには臨機応変な組織運営が不可欠である。しかし、現状変更を受け入れられずに、目先の利害にこだわる公務員感覚の蔓延も否定できない。現在の組織の課題は何か、十分な意思疎通が必要であり、全職員がそれを推進する当事者の意識を持たなくてはならない。

　消防司令は、消防組織内で幹部と言われる枢要な階級である。消防司令として私は、組織が抱える課題の中で、自分の課係に求められている対応を常に意識し、新たな業務への挑戦や、人員のやりくりなどに主体的に挑戦したい。

（992字）

論文編

◈ 論文テーマ

⓫ 人材活用

◈ **設問**

> 職員を適材適所で配備することは、効率的で効果的な業務運営を遂行するために必要なことです。職場でこれを行う場合に留意すべき点はどのようなことでしょうか。消防司令補の立場で、あなたの考えを述べなさい。

◈ **設問のポイント**

① 適正な業務執行のための人事配置

② 業務遂行を通じての人材育成

③ 納得感のある人事配置

◤ 論文例 ◢

どのような部署に配属されるかは職員の大きな関心事であり、その職員が将来進む道にも影響を与える。また、任命権者や所属長から発令される人事異動ばかりでなく、係内の様々な担当によっても求められる職務知識や育成される能力は異なる。部下が担任する業務を適切に付与することは、監督者の重要な任務である。

１．適正な業務執行のための人事配置

どの職員にどのような業務を付与するかを検討する際に、まず考慮しなければならないのは、職員がその業務を適正に執行できるだけの能力があるかどうかである。学歴、職務経歴、達成してきた業務実績、

勤務評定、本人の希望などを総合的に評価する必要がある。初めての職務を付与する際には、サポートできる同僚などの存在にも配慮する。

2．業務執行を通じての人材育成

　職員は、職務遂行を通じて知識、技術を高め成長することができる。このため監督者は、単に前任者の空席に後任者を充てるのではなく、人材育成の観点からどの職員にどの任務を付与するかを検討すべきである。例えば、消防署の警防係にはいくつかの担当がある。消防活動上支障のある行為の届出を担当すれば、届出の内容を通信指令室や防火管理部門に連絡するなどの仕事を経験できる。また、火災や救助の報告書を作成する担当では、災害現場での図面、写真などの記録について知り、火災原因調査部門との連携も経験できる。このように、職員に未経験の業務を担わせれば、その職員の成長を促すことができる。

3．納得感のある人事配置のために

　人事配置は職務命令であるから、職員がこれに従うのは当然であるが、納得感のある人事配置であれば一層職務意欲は高まり、より積極的な業務推進を期待できる。そのために監督者は、勤務評定の自己申告は元より、日常会話などからその職員がどのような職務や研修を希望しているのかを把握しておく必要がある。なお、未経験の分野を忌避する職員もいないわけではないが、穏やかに促し自信を持たせるように見守り順応させたい。また、成長する喜びを体験させたい。

　消防司令補は隊長であり、係の中心的存在である。この任務を果たすために、私は自らの職務遂行は元より、部下の適性の把握とその育成を図っていきたい。

（992字）

論文編

⓬ 部下の自己啓発

◈ **設問**

> 　部下職員が自主的に自己啓発に取り組むようになるために、どのような支援や働きかけをすることが効果的か。これまでの経験を踏まえて、消防司令補の立場であなたの考えを述べなさい。

◈ **設問のポイント**

① 自己啓発の重要性

② 自己啓発意欲の向上

③ 研修や人事異動への反映

④ 率先垂範と部下職員への波及

論文例

　消防職員は、採用時に県消防学校で半年間の初任教養を受講する。しかし、それだけでは職務の遂行には十分ではなく、消防活動にも事務処理にも、さらなる能力の向上や研鑽が不可欠である。そこで、すべての職員は自ら学ぶ、すなわち自己啓発の取組みが求められる。

1．自己啓発意欲の向上

　学ぶことに意欲を持てなければ、それは単なる苦行でしかない。部下職員の自己啓発を促すには、上司からの的確な動機付けが重要となる。多くの職員は、消防組織における自らの進路として救助、救急、機関、予防などの希望を持っている。上司はそれらを把握して、例え

ば救急を志向している職員にはポンプ車隊員の頃から救急現場の支援活動に出動する機会を与えるなど、さらに関心を高められるよう配慮すべきである。また、意欲はあってもどのような教材で何を学べばよいのかが手探りの職員もいる。こうした職員には、その分野に詳しい職員の紹介などを行う。大事なことは、自己啓発によって能力が高まれば、遂行できる仕事の水準が向上するという実感を持たせることである。それにより、さらに自ら学ぶ姿勢が強化される。

２．研修や人事異動への自己啓発の反映

自己啓発に努め知識、技術が向上したと思われる職員がいれば、上司への上申や勤務評定での意見などを通じて、その成果が希望する県消防学校の専科研修への出向や消防本部内での人事異動に反映されるよう支援する。こうした姿を見ることで、周囲の職員にも努力が報われることが伝わり、職場に自己啓発の風土を醸成できるものと考える。

３．率先垂範と部下職員への波及

私がポンプ車隊員だった頃、隊長は特別救助隊の経験があり、十分な技能と指導力のある方であった。しかし、その隊長はその立場に満足することなく、今後は救急業務で活躍したいと教本の勉強に熱心に取り組まれていた。そして、現在その方は、救急救命士の救急隊長として活躍されている。自分では自己啓発に取り組まないような上司が部下を指導しても、説得力はない。率先垂範は、自らは元より部下をも高める行動である。

消防司令補は隊長、係主任として部下を預かる立場である。組織全体の業務能力向上を目指して、私は自らと部下の自己啓発に取り組む。

(992字)

◈ **論文テーマ**

🔢 価値観の多様化と職員間の年齢差

◈ **設問**

> 価値観や生活スタイルが異なり、年齢も親子ほどの開きがある複数の職員がいる職場をまとめるために、どのようなことに留意すべきか。これまでの経験を具体的に紹介しながら、消防司令補の立場であなたの考えを述べなさい。

◈ **設問のポイント**

① 価値観の多様化と年齢差による職務意識の違い

② これまでの経験とそこから見出したもの

③ 職場を取りまとめる消防司令補の役割

 論文例

　現代社会では仕事や生活に対する価値観が多様化しており、また年齢差によっても一層様々となる。特に、年齢の離れた職員が寝食を共にしながら業務を遂行する消防機関においては、その多様な価値観を尊重しつつ一体となって任務を遂行できる職場づくりが不可欠となる。

1．職務や生活に対する価値観の多様化、年齢差による感覚の違い

　今日、性別に関係なく個人として尊重されるべきだという認識が広まり、男女共同参画の推進により社会のあり方は大転換している。男性社会であった消防機関も、現在は女性の交替制救急隊員などが活躍している。また指導の名の下にパワハラやセクハラを行うことが許さ

94

れないのは当然のこととなった。こうした変化の一方で、年齢差など
により隊員や係員には様々な感覚の違いがあるのも事実である。

２．丁寧な説明や行動により一体となって業務推進

　私のポンプ車隊員としての経験として、訓練で一方的に怒鳴られる
ような指導を受けると、表面的には従うものの内心では不満が募り、
訓練の効果も低くなるように感じられた。そうではなく、どうしてそ
の行動ではいけないのか、理由を教えてもらえる指導には共感し、一
層訓練に取り組む意欲が湧いた。また、同じ勤務班に女性の救急隊員
が入ったときに、年配の男性職員が最初は否定的な態度をとっていた
が、徐々にその女性隊員の能力を認め協調するようになっていった。
このように、相互理解が進み職務意欲が向上するためには、個々の場
面で各人が尊重され、より丁寧な説明や行動で理解が促進されること
がポイントになる。

３．コミュニケーションによる相互理解

　部隊や係内で相互不信があっては、チームワークの崩壊につながっ
てしまう。相互理解のためのキーワードは意思疎通であり、私は、部
下独特の価値観も一概に否定することなく、これまでの部下の経験な
どに敬意を表しながら別の価値観も許容するように促していきたい。
さらに、部下など周囲に対して積極的な話し掛けを図り、私にも親し
く接してもらえるよう飾らず素顔を示す姿勢を心掛けたい。それは、
業務を推進する上での心情的な一体感の醸成にもつながるものである。

　消防司令補は、部隊や係の要であり上位者と部下をつなぐ立場だ。
私は、以上の取組みで部隊や係の総合力が発揮できるよう邁進する。

（992字）

◈ 論文テーマ

🔟 職員間の信頼関係

◈ **設問**

> 消防組織においてはチームワークが特に重要であるため、職員相互の信頼関係は必要不可欠です。新しい職場に配属になったときに、職員相互の信頼関係を築くためにどのような取組みが必要か。これまでの経験を踏まえ、消防士長の立場であなたの考えを述べなさい。

◈ **設問のポイント**

① 部隊活動と信頼関係の重要性

② 業務遂行上の信頼関係

③ 私的な場面での信頼関係

論文例

　消防活動は隊員で構成される部隊活動であり、隊長以下隊員相互の信頼関係の構築が不可欠である。互いに不信感を抱くようでは、時に生命の危機にも直面する消防活動を行うことはできない。係事務についても係員の連携が重要で、係内の信頼関係を醸成する必要がある。

1．消防活動上の信頼関係の構築

　部隊活動は隊長の命令でなされるが、全ての活動が逐一隊長から口頭で命令されるわけではなく、その多くは事前命令である。例えば私がポンプ隊員として経験したように、救助員の準備完了に合わせて一番員がホースを延長してこなければ、要救助者情報があっても救助員

は建物への内部進入はできない。各隊員相互に、自らの任務を確実に遂行することで、他の隊員も行うべき任務を遂行してくれるという信頼関係が必要である。そのためには、常日頃から入念な訓練を行い、災害出動後には消防活動について検討の場も設けなければならない。

２．係事務での相互の信頼関係

　係事務でも相互の信頼関係は重要である。私の経験した査察事務は、査察計画を樹立し、立入検査の実施を対象者に通知、検査結果通知書を作成して、対象者に交付するという事務の数名での分担作業である。誰かが手を抜くことがあれば、そこで業務は止まってしまう。違反の指摘を誤って行うなどは論外であり、防火対象物の関係者にも迷惑を掛け、消防への信頼を失ってしまう。係内で相互不信があれば、係内連携など到底果たせない。係内で信頼関係を構築するためには、円滑に仕事が進まないと感じた際などに、係員全員で任務や業務処理方法を確認し合い、熟練者が係員を教養する場などを設けるべきである。

３．私的な場面での信頼関係

　上記の職務上の信頼関係に加え、職員間で共通の趣味などがあれば私的な場面を通じた信頼関係の強化が期待できる。こうした私的な関係を、職場の信頼関係の強化策として重視する声も聞く。しかし、これだけに頼ると、職務上の知識技術の向上や切磋琢磨を伴わない、単なる仲良しクラブになってしまう懸念があり、その輪から外れた者は職場で孤立する弊害もあり得る。これを過信するのは適当ではない。

　消防士長は隊長や主任の下で、隊員、係員を取りまとめる役割がある。私は隊内や係内のリーダーとして、その職責を積極的に果たす。

（992字）

論文編

⓯ ベテランと若手

> 　経験豊富なベテラン職員と、パソコンスキルはあるが現場経験の浅い若手職員との情報共有やコミュニケーションを進めるために、どのような対応が望ましいか。これまでの経験を踏まえて、消防司令補の立場であなたの考えを述べなさい。

◈ **設問のポイント**

① 職員個々の得意分野の活用

② 職員相互が教え合える関係

③ 隊、係としての総合力の発揮

論文例

　部隊や課係を構成する職員は、年齢差もあれば、その経歴や得意分野も様々である。部隊や課係が全体として成果を上げるためには、一体となった能力発揮と相互に協力し合える関係の構築が必要である。

1．職員個々の得意分野の活用

　職員個々には様々な特性があるが、例えばベテラン職員は災害出動の経験が豊富である。私が新人ポンプ車隊員当時の経験であるが、訓練のポイントとして何故それが必要なのかをベテラン職員に解説していただけたことで、納得感を持って真剣に訓練に取り組む動機付けとなったことがある。また、ベテラン職員は一般に電子機器の活用を苦

手としているが、若手職員にとっては特別困難なことではない。電子機器を使いこなす業務などでは、ベテラン、若手など個々の職員の得意分野に応じて任務を割り振ることが組織の業務推進に不可欠である。

2．職員相互の教え合い

　もう一歩進めて、職員相互がその得意分野を教え合うように促し、より一層互いの業務水準を高め合うことも行うべきである。上記の例では、過去の災害事例や活動マニュアル策定の背景などについてベテラン職員が若手に解説できる場を積極的に設ける、あるいは日常の事務処理において、ベテラン職員が受け入れやすいように若手職員から懇切丁寧に電子機器の操作要領を伝えるなどである。いわば各職員の能力の相互乗り入れであり、これにより互いを認め合える人間関係が構築できるものと考える。

3．総合力の発揮

　部隊活動でも係事務でも、個人プレーに頼っての業務遂行には必ず限界が生じる。ベテランと若手のように、均一ではなく様々な能力や経歴の職員がいることをプラス要因と捉え、全体として総合力を発揮する職場づくりが必要である。なお、心情的な課題も時には起こるかもしれない。ベテラン職員と若手職員は、互いに教わることへの抵抗感や違和感があるかもしれないからである。これを克服するためには、強制的なやり方ではなく、自然と融合できるような雰囲気づくりが肝要だと思われる。それには、上司の穏やかなサポートが重要になる。

　消防司令補は、隊長、係主任として組織の中心的存在である。私はその立場で、部下の特性を最大限生かした業務遂行に務める。

（992字）

論文編

◈ 論文テーマ

🔢 孤立した職員への対応

◈ 設問

> 係や隊で業務をするにはチームワークが重要となります。部下の中に孤立した職員がいた場合、どのような対応をしますか。これまでの経験を踏まえて、消防司令補の立場であなたの考えを述べなさい。

◈ 設問のポイント

① チームワークの重要性

② 孤立の弊害

③ 職員同士が再評価し合える環境

【論文例】

　消防組織は数名で構成される部隊活動を不可欠とし、係事務においてもそれは同様である。互いに命を預けるような消防活動において、仲間との間に相互不信があってはならない。しかし、どの職場でも円滑な人間関係が構築されているとは必ずしも言い切れない現状がある。

1．チームワークの重要性

　部隊活動や係事務の円滑な推進には、構成メンバーが一体となって職務に邁進できるチームワークが必要である。それには、業務執行に関して疑問、提案などをいつでも気楽に話し合える日頃のコミュニケーションが欠かせない。例えば、綿密な打ち合わせが繰り返されな

ければ、大規模なイベント型の訓練行事は開催できない。しかし、孤立して周囲から声を掛けられることがなく、また自らも周囲と関わることを嫌がる職員がいれば、こうしたコミュニケーションは図れない。

２．孤立の弊害

　孤立する職員は、かつて周囲から理不尽な処遇を受けたことで人間不信に陥っている場合がある。また、周囲の職員の間で趣味などによる交友関係がある中で、仲間外れにされ孤立する場合もある。職員の孤立はあってはならず、孤立する職員にメンタル不全が生じる心配もある。さらに、こうした職員同士が火災現場で救助員と命綱を確保する隊員という関係になれば、殉職事故をも招きかねない懸念が生じる。

３．職員同士が再評価し合える環境

　消防副士長に昇任した私は、消防士の雑用から解放されて幹部になった気分でいた。それが言動に表れ周囲から反発され、先輩の消防士長から「このままではよくない。謙虚に」と穏やかに諭された。孤立しつつあることを気付かせていただき、今では大変感謝している。部下に対して「仲間に入れ。仲間に入れろ」と指導しても、感情的になって理解されず効果はない。孤立している職員に得意な仕事をさせそれを評価して周囲に見せる、勤務中の懇談の場で積極的に話を振るなどにより、職員同士が評価し合い親近感を持てる環境を整えることが必要である。すなわち、私にとっては孤立する職員も周囲の職員も「皆さん全員が仲間だ」とのメッセージの発信である。

　消防司令補は、部下を預かり育成し、業務を推進する責任者である。私は部下の孤立に気付き、これを救える監督者となるよう努めたい。

（992字）

論文編

101

🔢 自己主張の強い職員

◈ **設問**

あなたの職場に自己主張が強く他人の意見やアドバイスを聞き入れない職員がいます。職務に対しては意欲的に取り組む姿勢も見られますが、同僚とのトラブルも起こしています。このような職員に対して、どのように対応することが望ましいですか。消防司令補の立場であなたの考えを述べなさい。

◈ **設問のポイント**

① 職場の人間関係を悪化させる自己主張の強い職員
② 気付かせる是正指導
③ 必要に応じて人事権の行使
④ 上司や同僚との連携

論文例

　先日の大手新聞の特集記事によると、民間企業でも自己中心的な社員が問題になっている。あるベンチャー企業で、こうした社員が退職した結果、職場の雰囲気が回復し業績も向上したケースがあるとのことだった。私は、設問のような職員に対して、個性だからと黙認してはならず、是正を求める姿勢で対処すべきだと考える。

１．気付かせる是正指導

　設問のような職員は、驕りからか同僚を見下し、自分の意見を貫こ

うとする。これを不快に感じる周囲の職員が関わりを避けるため、職場全体に活気がなく相互連携などは図れなくなる。時として命を賭して活動する消防にとって、あってはならない状況である。こうした職員は自尊心が高いため、まずはコミュニケーションのとり方に戸惑っている職員が多数いること、今のままでは一層悪化しかねないことなどをさりげなく伝えて、自ら是正してくれることに期待したい。

２．必要に応じて人事権の行使

　前記のように是正指導をしても、効果がない場合もある。そのまま放任してしまっては、職員同士の感情的な対立や嫌がらせ、喧嘩など目に見える現象まで生じかねない。それを避けるためには、こうした職員と個別面談を行い、はっきりと人事評価を下げざるを得ないことを伝えるべきだと考える。元来仕事ができる職員であるから、自分の置かれている状況を理解できれば、本音は損得であっても、改善される可能性は大きい。もしも改善されなければ、組織全体で事態を把握するために、ありのままを人事評価の評定意見に記載すべきである。

３．上司や同僚との連携

　こうした問題職員への対処では、監督員が一人で抱えるのではなく上司に適宜状況を報告し、また同僚にも意見を求める必要がある。上司や同僚は、私のつゆ知らぬ当該職員の一面を知っていることがあり、適切な助言をしてくれるかもしれない。また、上司に対して、上記の評定意見の背景を予め承知してもらうことができる。こうした連携がなく問題が表面化すれば、それは監督員の怠慢となる。

　消防司令補は、部下の実績、能力や人間性を最も把握している最初の評定者であり、実情に応じた人事評価や指導育成を行える立場である。私は、こうした消防司令補の重責を自覚し、遂行してまいりたい。

（992字）

◈ 論文テーマ

🔢 メンタルヘルス

◈ 設問

> 　職員のメンタルヘルス対策について、職場や組織の現状を踏まえ今後どのように対応すべきか。消防司令補の立場で、あなたの考えを述べなさい。

◈ 設問のポイント

① メンタルヘルスとは

② 発症した職員の療養と職場復帰

③ 精神的な疾病を生じない職場づくり

④ 自分自身のメンタルヘルス対策と周囲への配慮

　論文例

　精神的な症状は、社会の高度化や人間関係の複雑さなどからその発症数が増加し現代の課題となっている。以前は非科学的な誤解もあったが、今では適切なケアが不可欠とされている。職場においても精神的な疾患の発症がないよう、メンタルヘルス対策の実施が重要である。

１．発症した職員の療養と職場復帰

　当消防本部でも、精神的な疾患による休職者が一定数いる。症状によっては自殺の恐れもある。職場が職員を守る姿勢で、身体の傷病と同様に適切な療養と職場復帰に向けた支援が必要である。異常に気付いた場合、本人と面談して、上司に報告し指示を仰ぐとともに、産業

医や専門医による診断、家族との情報共有など医学的なケアにつなげる必要がある。回復期になれば、本人の希望と医師の所見に基づいた職場復帰を目指す必要がある。

2．メンタルヘルスを生じない職場づくり

精神的疾病の発症要因は、私的な生活要因を背景とするものもあろうが、職場での仕事の困難性や人間関係によるものも多いと思われる。職員が職場要因から精神的に苦しむことのないように配慮することは、職場の管理監督者の重要な任務である。例えば、従来のような訓練での激しい言葉遣いに対する隊員の受け止め方は各人各様である。緊急事態は別として、日常の訓練指導では個々の隊員に応じた指導方法や接し方が求められる。また、厳しい指導を受容できる心構えを事前に育成する配慮も必要である。当然ながら、絶対に人格そのものを否定する言動があってはならず、係事務での指導でも同様である。

3．職場のメンタルヘルス対策と周囲への配慮

職場の人間関係がストレス要因となることは多い。私は上司との関係で出勤がつらく、仕事の成果も上がらない時期があった。しかし職員にとって、どれだけ苦しくても、職場への申告などは心理的に簡単ではない。研修や講演会など様々な機会を通じた、すべての職層におけるメンタルヘルスの理解促進、相談窓口の活用が重要である。さらに、自分自身が後輩や周囲のストレス要因になっていないかの自己認識も重要と考える。あの経験以来、私はこのことを強く心掛けている。

消防司令補は、常に消防士長以下と接する監督者である。私は上記の姿勢で、部下のメンタルヘルスに配慮しつつ業務推進を図っていく。

（992字）

論文編

◈ **論文テーマ**

🔟 コンプライアンスの推進

◈ **設問**

> コンプライアンスの推進は、組織的な対策とともに、個々人の意識改革が重要です。各職場で職員にコンプライアンスの意識を徹底させるため、どのような取組みが効果的か。これまでの経験を踏まえて、消防司令補の立場であなたの考えを述べなさい。

◈ **設問のポイント**

① コンプライアンスとは

② 消防機関での過去のコンプライアンス違反

③ コンプライアンスを推進する意識の醸成方策

④ コンプライアンス推進のための日常の取組み

【論文例】

　コンプライアンスは、行政機関は元より企業でも重要課題と位置付けられている。コンプライアンスは、法令や社会規範の遵守、倫理的な言動を包含する概念である。コンプライアンス違反があると、その組織は社会の信用を失い業務の停滞を招くことになる。

１．消防機関での過去のコンプライアンス違反

　贈収賄や公金の不正流用など消防機関で生じ得るコンプライアンス違反には様々なものがある。最近では、大都市の消防本部で、市の福祉部局から提供されていた大規模災害時に備えた災害弱者の個人情報

を、署員が外部に持ち出した事案があった。関係機関や住民の信頼を大きく損ない、今後の行政運営に支障を来す結果となった。私の経験でも、個人名や既往症、初診時診断名などを記載する救急救命処置録が一時所在不明となり、署内が大騒ぎになったことがある。

２．コンプライアンス意識の醸成方策

　個人情報の管理以外にも、消防業務には、立入検査や車両の緊急走行など業務の各場面に遵守すべき法令が様々ある。職員全員がコンプライアンス意識を持たなければ、適切な業務執行はなし得ない。そのために、研修会や業務分野ごとの会議などを通じて、遵守すべき法令は何か、コンプライアンス違反によりどのような重大な事態を招くのかについて、全職員で共有する必要がある。さらには、自己の周囲で起き兼ねないコンプライアンス違反に気付く感性を養うことも肝要である。各隊や係単位で、侵しがちなコンプライアンス違反を知り、互いに遵守を呼び掛け合える風土の醸成が求められる。

３．コンプライアンス推進のための日常の取組み

　コンプライアンスが問題とされるのは、法令違反だけではない。粗暴な言葉で火災現場の野次馬を排除したり、査察の違反指摘で関係者の無知を見下すような指導をするようなことは、相手方の人格を傷付け、苦情や消防への不信感につながってしまう。過去には許容されたことでも、現代社会では通用しないことがある。こうした日常の業務に潜む社会規範や倫理に反する職員の言動に、敏感に気付き、何故いけないのかを納得させて是正を促すことは、極めて重要である。

　部下を監督し、業務を最前線で推進するのが消防司令補である。私は、その立場でコンプライアンス推進について職責を全うしたい。

（992字）

論文編

20 予算獲得

◈ **設問**

> 　予算を伴う新規事業を実現させるために、本部内での調整や市役所財政当局などとの折衝で留意すべき点はどのようなことか。消防司令の立場で、あなたの考えを述べなさい。

◈ **設問のポイント**

① 予算化の意義

② 消防本部内外の関係部局との折衝

③ 予算要求の説明資料の重要性

④ 日頃からの財政当局との関係構築

論文例

　予算を伴う新規事業は、予算化されなければ実施が次年度以降に先延ばしになってしまう。その予算を調製し議会に提案するのは市長部局であるため、当該部局と予算折衝をすることが不可欠となる。

1. 消防機関内での予算要求

　消防機関内には、財政課などの名称で予算を所管している部課がある。市長部局に予算要求をするためには、こうした部課と事務事業の重要性などについて共通の認識を持ち協働することが必要となる。また予算所管課は、市長部局が予算要求に対してどのような反応を示すのか感触を得ることのできる部課でもある。市長部局からの質問や資

料要求を予め想定し、消防本部内の方針を固めておくべきである。

２．市長部局の財政当局との折衝

　消防本部として予算要求を行うことになれば、市長部局の財政当局との折衝の段階になる。財政当局は必ずしも消防行政に通じているわけではない。消防行政がどのような業務を行っていて、予算要求する新規事業はどのような位置付けなのか、いかにそれが市民の需要に応じた重要なものであるのかなどを、分かりやすくかつ詳細に説明する必要がある。法令や国の通知などに根拠があれば、それも含めて説明資料を作成し、口頭でも納得感のある説明を加える。この説明資料は、財政当局が市幹部に報告する際にも提示されることがある。

３．財政当局との日頃からの関係構築

　予算要求のときだけ財政当局に出向いても、形式的な応答に終始してしまう懸念がある。できるだけ、日頃から顔の見える関係を築き、視察などを通じて消防行政を理解してもらうことが望ましい。例えば、救急活動の訓練視察によって、救急資機材や薬剤などの重要性を認識してもらうことができる。あるいは、火災想定の消防活動訓練の視察や、空気呼吸器を背負っての濃煙熱気体験によって、個人装備品や安全管理資機材の重要性を認識してもらうことができる。なお、いきなり視察を誘っても警戒されてしまうことがある。そのため、様々な機会を通じて予め相手との信頼関係を築いておくことが大切である。

　消防司令は、管理職の直下で実務ランクの責任者となる階級である。私は、消防機関を代表して財政当局などの外部機関と折衝できるだけの力量のある消防司令を目指して努力する決意である。

（992字）

消防昇任面接・論文ダブル対策

© 消防昇任試験研究会　2024年

2024年（令和6年）7月29日　初版第1刷発行

定価はカバーに表示してあります。

編　　者　　消防昇任試験研究会
発 行 者　　大　田　　昭　一
発 行 所　　**公　　職　　研**

〒101-0051
東京都千代田区神田神保町2丁目20番地
TEL　03-3230-3701（代表）
　　　03-3230-3703（編集）
FAX　03-3230-1170
振替東京　6-154568

ISBN978-4-87526-450-7 C3031　　https://www.koshokuken.co.jp

落丁・乱丁は取り替え致します。　**PRINTED IN JAPAN**

カバーデザイン：Tomoko.k
印刷：モリモト印刷

公職研図書紹介

公職研図書紹介

『クイズ de 地方自治』制作班 編
クイズ de 地方自治
楽しむ×身につく！自治体職員の基礎知識

23の分野ごと厳選したクイズを掲載。担当外の職員でも知っておいてほしい基礎的な知識から、理論・実務を知悉した職員のみぞ知るカルト級の知識まで。楽しみながら、自然に身につく。　　　　　　　　　　　　　　定価◎本体1,800円＋税

阿部のり子 著
みんなで始めよう！公務員の「脱ハラスメント」
加害者にも被害者にもならない、させない職場を目指して

多様なハラスメントの態様を知り、センスを高め法的理解を深めて、自分も他人も加害者にならない・させない、被害者にならない・させないための必読書。現役自治体職員と3人の弁護士がわかりやすく解説。　　　　　定価◎本体1,800円＋税

特定非営利活動法人 Policy Garage 編
自治体職員のためのナッジ入門
どうすれば望ましい行動を後押しできるか？

ナッジの実践者が、自治体の政策にナッジを取り入れるにはどうしたらよいかを伝授。初学者向けの解説と多数の事例紹介から、活用方法のキモがわかる。実践に踏み出したい方におすすめ。　　　　　　　　　　　　定価◎本体1,900円＋税

今村　寛 著
「対話」で変える公務員の仕事
自治体職員の「対話力」が未来を拓く

「対話」の魅力とは何か、どうして「対話」が自治体職員の仕事を変えるのか、何のために仕事を変える必要があるのか―。そんなギモンも「自分事」として受け止め、「対話」をはじめてみたくなる一冊。　　　　　　　定価◎本体1,800円＋税

元吉由紀子 編著
自治体を進化させる公務員の新改善力
変革×越境でステップアップ

自治体改善のプロが、新時代の改善のあり方を示す。時代の変化をとらえ自治体を進化させるために職員・組織が発揮すべき力を説明。必要な視点・考え方のほか、身につけたい能力・スキルまで丁寧にひもとく。　　　　　定価◎本体2,000円＋税